中小学生不得不读的故事丛书

让青少年学会
自信自强的故事

本书编写组◎编

每一个好故事，都会带你种下完美人生的种子；每一个好故事，都是我们领悟人生的一盏明灯；每一个好故事，都是我们人生的一块基石。它给我们智慧的启迪，让我们抓住希望。对今天更加珍惜，对明天充满自信！

世界图书出版公司
广州·北京·上海·西安

图书在版编目（CIP）数据

让青少年学会自信自强的故事 /《让青少年学会自信自强的故事》编写组编著. —广州：广东世界图书出版公司，2010. 2（2024.2 重印）

ISBN 978 - 7 - 5100 - 1505 - 2

Ⅰ. ①让… Ⅱ. ①让… Ⅲ. ①品德教育 - 中国 - 青少年读物 Ⅳ. ①D432. 62

中国版本图书馆 CIP 数据核字（2010）第 024766 号

书　　名	让青少年学会自信自强的故事 RANG QINGSHAONIAN XUEHUI ZIXIN ZIQIANG DE GUSHI
编　　者	《让青少年学会自信自强的故事》编写组
责任编辑	韩海霞
装帧设计	三棵树设计工作组
出版发行	世界图书出版有限公司　世界图书出版广东有限公司
地　　址	广州市海珠区新港西路大江冲 25 号
邮　　编	510300
电　　话	020-84452179
网　　址	http://www.gdst.com.cn
邮　　箱	wpc_gdst@163.com
经　　销	新华书店
印　　刷	唐山富达印务有限公司
开　　本	787mm × 1092mm　1/16
印　　张	13
字　　数	160 千字
版　　次	2010 年 2 月第 1 版　2024 年 2 月第 10 次印刷
国际书号	ISBN　978-7-5100-1505-2
定　　价	49.80 元

前　言

FOREWORD

中华民族一向以勤劳智慧，自信自强著称一世。几千年来，自信自强已成为中华民族传统美德的重要内容，是中华民族屹立于世界民族之林的强大动力。

中华民族的优秀儿女，在漫长的历史进程中，自强不息，前仆后继，不懈地探求真理，在科学技术方面取得了世界瞩目的成就。魏晋南北朝时期著名科学家祖冲之推算出的圆周率的精确度达到小数点后7位，这是当时世界上最精确的数值，比西方早了1100多年。

世界上第一台测天仪器——浑器就诞生在中国。郭守敬制造简化的浑仪——简仪。其设计和制造水平，在世界上遥遥领先300多年。

中国古代不但有详尽的关于地震的记录，而且东汉科学家张衡还发明了世界上第一台观测地震的仪器　　地动仪。

中国古代农业科学长期处于世界先进水平，拥有世界上罕见的、规模巨大、建设时间最早的水利工程。战国末期水利专家李冰父子修建的都江堰，至今堪称世界奇迹。

东汉末年的著名医学家华佗，用自己的身体做试验，发明了“麻沸散”，解除了手术给病人带来的剧烈苦痛，为人类医学事业做出了杰出贡献。

三国时期的机械革新家马钧，在制造龙骨水车、指南车中所运用的机械原理，领先世界2800年。

对世界影响极为深远的造纸术、印刷术、火药、指南针的发明，领先于世界其他民族许多世纪。这四大发明，不仅是中华民族智慧的结晶，而且是古老而又富于创造精神的中华民族对人类的重大贡献。

老子说："天行健，君子以自强不息。"自强不息，是我们的民族精神之所在，是我们这个民族历经磨难终于生存下来并不断强盛的动力。

中华民族生存发展的动力来自于自身，来自她的成员对国富民强的不懈努力，来自对民族自立、自尊、自信、自强的强烈渴望，来自对至善理想和人生价值的执著追求。

在国势衰败之时，就会有一批改革家，不计个人得失，忧心国事，"先天下之忧而忧，后天下之乐而乐"，进行社会改革，富国图强；当统治者残暴无道之时，就会有刚正直谏之臣，不顾个人安危，犯颜直谏，还会有那些不屈的斗士，挺身而出，为真理为正义而斗争；在外敌入侵、国难当头之时，就会有一批仁人志士勇敢地走来，用他们的血肉之躯筑起新的长城。

自信自强，不仅是我们中华民族的精神，也是我们每个中国人应该具备的精神品质。只有在这种精神的感召下，我们才能笑对困难和挫折，勇往直前。只有我们每一个人都继承并发扬这种自强不息的传统精神，才会汇成巨大的民族精神的潮流，推动我们的民族再度走向繁荣昌盛，伟大的中华民族复兴才能实现。

CONTENTS

目录

功成于自强

求索攻坚

相信自己

愚公移山

信心，使一个人得以征服他相信可以征服的东西。

——萧伯纳

传说很早以前，在冀州的南面、河阳的北面有两座大山，一座叫太行山，一座叫王屋山，山高万丈，方圆有700里。

在山的北面，住着一位叫愚公的老汉，年近90。他家的大门，正对着这两座大山，出门办事得绕着走，很不方便。愚公卜定决心要把这两座大山挖掉。

有一天，他召集了全家老小，对他们说："这两座大山，挡住了我们的出路，咱们大家一起努力，把它挖掉，开出一条直通豫州的大道，你们看好不好？"

大家都很赞同，只有他的妻子提出了疑问。她说："像太行、王屋这么高大的山，挖出来的那些石头、泥土往哪里送呢？"

大家说："这好办，把泥土、石块扔到渤海边上就行了！再多也不愁没地方堆。"第二天天刚亮，愚公就带领全家老小开始挖山。

他的邻居是个寡妇，她有一个七八岁的小儿子，刚刚换完奶牙，也蹦蹦跳跳地前来帮忙。大家干得很起劲，一年四季很少回家休息。

黄河边上住着一个老汉，这人很精明，人们管他叫智叟。他看到愚公他们一年到头，辛辛苦苦地挖山运土不止，觉得很可笑，就去劝告愚公："你这个人可真傻，这么大岁数了，还能活几天？用尽你的力气，也拔不了山上的几根草，怎么能搬动这么大的山呢？"

愚公深深地叹口气说："我看你这人自以为聪明，其实是顽固不化，还不如寡妇和小孩呢！不错，我是老了，活不几年了。可是，我死了还有儿子，儿子又生孙子，孙子又生儿子；子子孙孙，世世代代，一直传下去，是无穷无尽的。可是这两座山却不会再长高了，我们为什么不能把它们挖平呢？"

听了这些话，那个自以为聪明的智叟，再也无话可说了。

山神知道了这件事，害怕愚公一直挖下去，就去向上帝报告。老愚公的精神把上帝感动了，他就命夸娥氏二子负此二山，把两座大山背走，一座放到朔方东边，一座放到雍州南边。从此以后，冀州的南面，汉水的北面，就没有高山阻挡了。

精卫填海

本领加信心，是一支战无不胜的军队。

——赫伯特

太阳神炎帝有一个小女儿，名叫女娃，是他最钟爱的女儿。炎帝不仅管太阳，还管五谷和药材。他事情很多，每天一大早就要去东海，指挥太阳升起，直到太阳西沉才回家。

炎帝不在家时，女娃便独自玩耍，她非常想让父亲带她出去，到东海太阳升起的地方去看一看。可是父亲忙于公事，总是不带她去。这一天，女娃便一个人驾着一只小船向东海太阳升起的地方划去。不幸的是，海上起了风暴，像山一样的海浪把小船打翻了，女娃被无情的大海吞没了，永远回不来了。炎帝固然痛念自己的女儿，但却不能用医药来使她死而复生，也只有独自神伤嗟叹了。

女娃死了，她的精魂化作了一只小鸟，花脑袋，白嘴壳，红脚爪，发出“精卫、精卫”的悲鸣，所以，人们又叫此鸟为“精卫”。

精卫痛恨无情的大海夺去了自己年轻的生命，她要报仇雪恨。因此，她一刻不停地从她住的发鸠山上衔了一粒小石子，或是一段小树枝，展翅高飞，一直飞到东海。她在波涛汹涌的海面上来回翔阒，悲鸣着，把石子树枝投下去，想把大海填平。

大海奔腾着，咆哮着，嘲笑她：“小鸟儿，算了吧，你这工作就干一百万年，也休想把大海填平。”

精卫在高空答复大海：“哪怕是干上一千万年，一万万年，干到宇宙的尽头，世界的末日，我终将把你填平！”

“你为什么这么恨我呢？”

“因为你夺去了我年轻的生命，你将来还会夺去许多年轻无辜的生命。我要永无休止地干下去，总有一天会把你填成平地。”

精卫飞翔着、鸣叫着，离开大海，又飞回发鸠山去衔石子和树枝。她衔呀，扔呀，成年累月，往复飞翔，从不停息。后来，精卫和海燕结成了夫妻，生出许多小鸟，雌的像精卫，雄的像海燕。小精卫和她们的妈妈一样，也去衔石填海。直到今天，她们还在做着这种工作。

人们同情精卫，钦佩精卫，把它叫做“冤禽”、“誓鸟”、“志鸟”、“帝女雀”，并在东海边上立了个古迹，叫作“精卫誓水处”。

墨子破云梯

天将降大任于斯人也，必先苦其心志，劳其筋骨，饿其体肤，空乏其身，行拂乱其所为。

——《孟子·告子下》

在战国初年的时候，楚国的国君楚惠王想重新恢复楚国的霸权。他扩大军队，要去攻打宋国。

楚惠王重用了一个当时最有本领的工匠。他是鲁国人，名叫公输般，也就是后来人们称为鲁班的。公输般使用斧子不用说是最灵巧的了，谁要想跟他比一比使用斧子的本领，那就是不自量力。所以后来有个成语，叫做“班门弄斧”。

公输般被楚惠王请了去，当了楚国的大夫。他替楚王设计了一种攻城的工具，比楼车还要高，看起来简直是高得可以碰到云端似的，所以叫做云梯。

楚惠王一面叫公输般赶紧制造云梯，一面准备向宋国进攻。楚国制造云梯的消息一传扬出去，列国诸侯都有点担心。

特别是宋国，听到楚国要来进攻，更加觉得大祸临头。

楚国想进攻宋国的事，也引起了一些人的反对。反对得最厉害的是墨子。

墨子，名翟，是墨家学派的创始人，他反对铺张浪费，主张节约；他要他的门徒穿短衣草鞋，参加劳动，以吃苦为高尚的事。如果不刻苦，就是算违背他的主张。

墨子还反对那种为了争城夺地而使百姓遭到灾难的混战。这回他听到楚国要利用云梯去侵略宋国，就急急忙忙地亲自跑到楚国去，跑得脚底起了泡，出了血，他就把自己的衣服撕下一块裹着脚走。

这样奔走了10天10夜，到了楚国的都城郢都。他先去见公输般，劝他不要帮助楚惠王攻打宋国。

公输般说："不行呀，我已经答应楚王了。"

墨子就要求公输般带他去见楚惠王，公输般答应了。在楚惠王面前，墨子很诚恳地说："楚国土地很大，方圆5000里，地大物博；宋国土地不过500里，土地并不好，物产也不丰富。大王为什么有了华贵的车马，还要去偷人家的破车呢？为什么要扔了自己绣花绸袍，去偷人家一件旧短褂子呢？"

楚惠王虽然觉得墨子说得有道理，但是不肯放弃攻宋国的打算。公输般也认为用云梯攻城很有把握。

墨子直截了当地说："你能攻，我能守，你也占不了便宜。"

他解下了身上系着的皮带，在地下围着当做城墙，再拿几块小木板当做攻城的工具，叫公输般来演习一下，比一比本领。

公输般采用一种方法攻城，墨子就用一种方法守城。一个用云梯攻城，一个就用火箭烧云梯；一个用撞车撞城门，一个就用滚木擂石砸撞车；一个用地道，一个用烟熏。

公输般用了九套攻法，把攻城的方法都使完了，可是墨子还有好些守城的高招没有使出来。

公输般呆住了，但是心里还不服，说："我想出了办法来对付你，不过现在不说。"

墨子微微一笑说："我知道你想怎样来对付我，不过我也不说。"

楚惠王听两人说话像打哑谜一样，弄得莫名其妙，问墨子说："你们究竟在说什么？"

墨子说："公输般的意思很清楚，不过是想把我杀掉，以为杀了我，宋国就没有人帮助他们守城了。其实他打错了主意。我来到楚国之前，早已派了禽滑釐等300个徒弟守住宋城，他们每一个人都学会了我的守城办法。即使把我杀了，楚国也是占不到便宜的。"

楚惠王听了墨子一番话，又亲自看到墨子守城的本领，知道要打胜宋国没有希望，只好说："先生的话说得对，我决定不进攻宋国了。"

这样，一场战争就被墨子阻止了。

毛遂自荐

乘风破浪会有时，直挂云帆济沧海。

——李白

战国时，秦军在长平一线，大胜赵军。秦军主将白起，领兵乘胜追击，包围了赵国都城邯郸。

大敌当前，赵国形势万分危急。平原君赵胜，奉赵王之命，去楚国求兵解围。平原君把门客召集起来，挑选20个文武全才一起去。经过挑选，最后还缺一个人。门下有一个叫毛遂的人走上前来，向平原君自我推荐说："听说先生将要到楚国去签订'合纵'盟约，约定与门客二十人一同前往，而且不到外边去寻找。现在还少一个人，希望先生就以毛遂凑足人数出发吧！"平原君说："先生来到赵胜门下几年了？"毛遂说："三年了。"平原君说："贤能的人处在世界上，好比锥子处在囊中，它的尖梢立即就要显现出来。现在，处在赵胜的门下已经三年了，左右的人们对你没有称道，赵胜也没听到赞语，这是因为没有先生什么才能的缘故。所以先生不能一道前往，请留下！"毛遂说："我不过今天才请求进到囊中罢了。如果我早就处在囊中的话，就会像锥子那样，整个锋芒都会露出来，不仅是尖梢露出来而已。"平原君终于与毛遂一道前往。那19个人用目光嘲笑他却没有说出来。

到了楚国，楚王只接见平原君一个人。两人坐在殿上，从早晨谈到中午，还没有结果。毛遂大步跨上台阶，远远地大声叫起来："出兵的事，非利即害，非害即利，简单而又明白，为何议而不决？”楚王非常恼火，问平原君：“此人是谁？”平原君答道：“此人名叫毛遂，乃是我的门客！”楚王喝道：“赶快下！我和你主人说话，你来干吗？”毛遂见楚王发怒，不但不退下，反而又走上几个台阶。他手按宝剑，说：“如今十步之内，大王性命在我手中！”楚王见毛遂那么勇敢，没有再呵斥他，就听毛遂讲话。毛遂就把出兵援赵有利楚国的道理，作了精辟的分析。毛遂的一番话，说得楚王心悦诚服，答应马上出兵。不几天，楚、魏等国联合出兵援赵。秦军撤退了。平原君回赵后，待毛遂为上宾。他很感叹地说：“毛先生一至楚，楚王就不敢小看赵国。”

不入虎穴，焉得虎子

不入虎穴，焉得虎子。

——《后汉书·班超列传》

东汉时候，有一个很有志向的年轻人，名叫班超。他是我国古代开拓西域的重要人物。

据说班超起初靠替人抄书过日子。他天天抄书，常常累得头昏眼花。有一天，班超把笔往地上一扔，叹了口气说：“男子汉大丈夫，不能在边疆立功封侯，天天与笔墨打交道，有什么出息！”从此以后，他就等待机会到边疆去建功立业。

那时候，西域在东汉与匈奴关系中处于重要的战略地位，争取西域各国成为东汉政府的重要工作。可是西域地处西陲，路途遥远，不少国家与匈奴还藕断丝连，出使西域不仅艰难，而且也很危险。派谁去呢？当朝廷派人询问班超意见时，班超说：“就让我来完成这项使命吧！”

班超只带上36人，就踏上了出使西域的漫漫征程。班超首先来到鄯善国，国王热情地接待了他们，可是过了几天，国王对他们渐渐冷淡起来。班超派人一打听，原来匈奴也在前几日派来了使者，正与国王套近乎哩！

班超决定杀死匈奴人，以断绝鄯善国王“脚踩两只船”的想法。有人向班超提出：“我们只有36人，匈奴人多势众，恐怕对付不了吧！”班超一点也不怕，他充满激情地说：“不入虎穴，焉得虎子！现在只有杀掉匈奴使者，逼鄯善王与我们结盟，我们才能完成朝廷的使命。”

到了晚上，班超带领人摸黑到匈奴使者住地，他先派几个人在帐篷外四面放火，然后亲自带几个人冲进帐篷，一番刀光剑影，匈奴使者人头落地。班超这一仗大获全胜，匈奴三个使者全部被杀。

第二天清早，班超提着匈奴使者首级来见鄯善国王。国王一见血淋淋的匈奴人首级，吓得心砰砰直跳，他想：“汉朝使者也太厉害了！这么几个人竟敢在异国杀匈奴使者。”他连忙表示：“咱们鄯善国从今以后只与汉朝和好，再也不同匈奴来往了。”

班超在西域活动了几十年，经历了无数的艰难险阻，也面临过数不清的生死考验，但他从没后悔过，退缩过。班超一生是不平凡的一生，他为开拓边疆、维护祖国统一做出了巨大贡献。

陈实功发展外科学

> 不可能的字，只有在愚人的字典里才可以翻出。
>
> ——拿破仑

陈实功（1555—1636），字毓仁，江苏南通人。他是明代著名的外科学家，对外科学的发展起了重要的作用。

陈实功很小的时候就刻苦学习，他读了很多医药学方面的书。他对长辈文学家李攀龙关于“医之内外有别也，治外较难于治内。何者？内之症或不及其外，外之症则必根于其内也”的医学见解很感兴趣，他决定探索内科与外科的关系尤其是外科的病理及医疗方法，于是从少年时代起就专门研究外科。40 年的探索历程中，他始终如一，刻苦努力，严格要求自己。他强调，无论内科、外科都必须勤读古代医学名著，要手不释卷，熟读消化，以达到灵活运用并能用其指导医疗实践而不致发生差错的目标。同时，他还指出：对当代有名的文学家、哲学家、医学家新编的医理、辞说，也必须广泛参阅，以增长学问和见识，这是做一个好医生所必备的基本条件。

由于不断实践，他在外科理论和外科手术方面都有独到之处。晚年的时候，他认为如果把自己多年积累的经验和体会留传下来，可能对后世医学多少有些补益。于是把外科大小诸症，分门别类地从病理、症状、治法、典型病理以及药物的炼制等一一记载下来，为了便于记诵，还编成许多歌诀。在万历 45 年（1617）写成了《外科正宗》。

《外科正宗》对大多数的外科疾病都首先综述各家的病因病理学说，详述其临床症状和特点，论述各种疾病的诊断方法和要领，多指出出现何症为吉，出现何症为逆，出现何种症象为死候。然后介绍各种治疗方法、方剂或手术的适应症、禁忌症；指出何症宜内治，何症应外治，哪些病要进行外科手术方可治愈，并且大都附录了自己成功或失败治疗的病案。全书组织严密，科学性较强，是中国医学发展史上的一部重要著作，对外科学的发展有着很大的影响。

陈实功除了理论方面的贡献外，对外科疾病的认识和外科手术的创造也有独到之处。例如：他把鹤膝风（类似膝关节结核）附于骨疽（类似骨结核）条下，以充分的论据指出二者类同的症候，相似的愈后，有区别的诊断要领和基本一致的治疗方法。他正确指出内服药和外用膏帖只有渐渐取效，没有成效，就会造成痼疾。他承认自己还不能很快治愈这种骨关节结核病变的客观事实，显示了他实事求是的科学精神。

关于阑尾炎，虽然《内经》和汉代张仲景已早有认识，也创造了有效的治疗方法，但对阑尾炎发病的诱因和病机等还缺乏系统的认识。陈实功总结自己的临床观察所见，指出了阑尾炎的诱因和病机。他认为，男子暴急奔走，影响肠胃的消化转送功能，造成肠胃出血，浊气壅塞肠胃，容易发生阑尾炎；妇人产后体虚多卧，不能坐起活动，造成肠胃功能失调，也容易导致阑尾炎；饥饿、过饱、酒醉、饮食生冷、担负重物，都容易导致阑尾炎。他在《外科正宗》中所绘制的肠痈图，所标明的体表部位是很精确的。按其绘图测量，其部位在麦氏点和兰氏点之间。这说明他观察病人是非常细致的，洞察力和综合分析能力也是十分惊人的。

在内外科的关系上，陈实功强调外科医生不仅要掌握外科治疗技术，同时也要掌握内科知识。在护理方面，他强调要注意病人的饮食营养，反对无原则的饮食禁忌。他认为前代有些医家不分青红皂白，只要是创伤、疮疡，就要病人忌食鸡、鸭、鱼、肉等，这不但妨碍了病人的营养吸收，也降低了病人抗御外伤、修复疮疡的能力。

陈实功很重视外科手术。他反对轻视手术的保守疗法，主张内服药物疗法和外治手术并重，特别对脓肿一类疾病，强调尽早手术切开引流。为了减轻病人痛苦和缩短治疗时间，还在扩大治疗范围、创造手术器械和精心设计手术方法上做出了杰出的贡献。食道异物在没有现代食道镜应用前是一个棘手的疾患。陈实功发明的乌龙针为解决外科医生治疗这一疾患提供了较为科学的治疗器械。他指出：如果针、钉、鱼骨等异物在咽部，可从口内以乌龙针取出；若已到咽部以下，则用乌龙针送到胃内.，以便大便排出。他还指出病人误吞针、钉、骨刺哽于咽部的时候，应设法从口内取出。方法是：用乱麻筋一团，搓龙眼大，以线穿系，留线头在外，汤湿急吞下咽，顷刻扯出，其针头必刺入乱麻团中同出。如不中，则再吞再扯，以出为度。这种方法在今天看来，是比较简单而原始的。但在300多年前，能创造出这种比较科学的方法，设计出这样精巧的器械，则具有较高的科学价值。陈实功还在治疗脱疽（血栓闭塞性脉管炎）和摘出鼻痔（鼻息肉）方面进行了许多成功的探索。

陈实功所以能在外科学的发展中取得这样伟大的成就，与他一生刻苦钻研，重视基础理论，重视理论联系实际，不墨守成规等思想观点有着密切的联系。与他高尚的医德也是不可分的。陈实功平时以“五戒”“十要”

要求自己。“五戒”的主要内容是医生不得计较诊金的多少；对贫富病人要平等对待；医生不得远游，不得离开职位，以免危急的病人因得不到及时的治疗而发生意外等。“十要”主要是要求医生勤读先代名医确论之书，旦夕手不释卷，细心体会，使临症不会发生错误；对药物则一定要精选，绝不可粗制滥造等等。

陈实功是中国历史上一位杰出的外科医学家。清代名医徐灵胎对他的《外科正宗》有很高的评价，推荐为学习外科的教科书。现代一般外科中医师也都重视这部著作，把它作为必读之书。陈实功重视医学基础理论，提倡“治外必本诸内”的学说，反对轻视诊断，乱投药物，纠正外科易于内科的错误观点，对疑难病例据实客观分析，以及在外科疾病诊断、治疗、手术等方面敢于求索创新的精神，至今仍然值得我们借鉴。

潘季驯治理黄河

每个人应该有这样的信心：人所能负的责任，我必能负；人所不能负的责任，我亦能负。

——林肯

潘季驯（1521～1595）字时良，号印川，浙江乌程（今吴兴）人，是明代著名的水利专家。

嘉靖二十九年（1550），潘季驯考中进士，被任命为九江推官。后来，被破格提升为御史，旋即又任广东巡按使，推行均平里甲法。他到地方任职巡察时，注意百姓疾苦，对危害百姓生活的水旱灾害格外关注．他认为百姓衣食多取决土地之利，因土地遭受水旱灾害而难得收成，百姓便困窘不堪，轻则流落他乡，重则卖妻鬻子，铤而走险，社会也就不安定了，诉讼纷争，盗贼蜂起，就在所必然了。他平时还注意搜罗百姓以及前人治理水旱灾害的经验，以备急患。

嘉靖四十四年（1565），他被提升为右佥都御史，总理河道，他和朱衡一起商量筹划，开出了一条新河道。隆庆四年（1750），黄河在邳州、睢宁决口，很多人流离失所，他奉朝廷之命前去堵塞河决口处。万历五年（1577），黄河又在崔镇决口，他以右都御史兼工部左侍郎代为河漕尚书，带领士兵和百姓修筑堤坝，堵塞决口，为了加固堤防，他命人在堤坝的外围又修建了一道很长的堤坝。他治理黄河，常常亲自到各地考察地势。凡增筑设防，置官建闸，以至于木石材料，都加以悉心地筹理。由于长年的奔波，积劳成病。潘季驯先后四任河道总督，对黄河的治理卓有成就。他晚年把自己一生治理黄河的经历和心得著成《河议辨惑》、《两河管见》、《宸断大工录》等书，为后世治理黄河提供了借鉴。

以往治理黄河，大都采用分流的办法，即将黄河水的一部分引入其它河道，以减缓黄河的水势，降低灾情。潘季驯在治理黄河的过程中，认真地研究了水流性能和黄河的实际情况，针对黄河含沙量大的特点，认为治理黄河不应该采取"分流"的办法，分流的办法只不过是"就症而措，未得致患之理"。因为采取分流，则水势必然会减缓，水势减缓则更有利于泥沙的淤积，泥沙大量淤积则河床增高，水患跟踪即至。他主张以水治水，因为水势猛，就可以冲刷河道的淤积泥沙，不断地冲刷河道就深了。所以他提出一个新办法，就是加固加高黄河两岸的堤坝，使黄河水势迅猛，用水去攻泥沙。他说治河的方法，没有什么奇特的窍门，全在"束水归漕"，而束水的方法，只在"坚筑堤防"。为了御防河水溃决，他规定要设几道防线，即筑缕堤、遥堤、月堤和格堤四种（缕堤距河近，是第一道防线，缕堤内又筑月堤以止水；遥堤离河远，是第二道防线，格堤在遥堤内，以阻水流）。还规定在伏秋洪水暴涨的时候，要实行"四防"和"二守"。四防是"昼防，夜防，风防，雨防"，二守是"官守"与"民守"。潘季驯"以水治水"，并把防治结合起来，发展了前人治理黄河的经验。

"道法自然"、"异曲同工"，潘季驯治理黄河别出心裁的事实告诉我们，世界上没有放之四海而皆准的真理，也没有千古不变的教条，只要从实际出发，实事求是，勇于探索，那么，“长江后浪推前浪”，“青出于蓝而胜于蓝”，并非是可望而不可及的狂言诳语。

詹天佑少年漂洋留学

信心与能力通常是齐头并进的。

——约翰逊

詹天佑（1861~1919），安徽婺源（今江西婺源）人。他是我国近代科技界先驱，杰出的铁道工程师。

詹天佑出生在广东省南海县一个普通茶商家里。父亲詹兴洪读过一些诗书，但茶叶小买卖做得却很不顺利。母亲陈氏焚香祈祷老天保佑孩子健康成长，夫妻俩于是给孩子起名叫“天佑”。

詹天佑8岁那年，进了南海县一所私塾读书。他天资聪慧，求知欲望强，但那些“四书”、“五经”等陈腐教材并不能使他满足，他感兴趣的是工程、机械等新知识。他家有一只闹钟，为什么闹钟能滴答滴答走个不停？为什么它能按时响铃？小天佑决心弄个明白。

一天，他趁家里大人不在，悄悄地把闹钟零件一个个地拆开，认真地琢磨零件的性能及其相互关系，然后又一个个地按原样组装起来，终于弄清了闹钟的构造和原理。

1871年，清政府派中国第一个毕业于美国耶鲁大学的留学生容闳负责筹办幼童出洋预备班。11岁的詹天佑听说这一消息后，恳求父母让他去。由于家庭困难，父母正为孩子不能去广州求学叹息，一听说留学生是官费，才同意了孩子的请求。詹天佑从小勤奋学习，知识渊博，在选拔考试中成绩优异，名列前茅，被录取为第一批出国留学的预备生。

1872 年 8 月，第一批留洋学生共 30 人登程出国了。12 岁的詹天佑第一次乘坐轮船，乘坐火车，他对这些新奇玩意着了迷。可为什么中国不能制造呢？他锁着眉头，隐隐感到一种羞辱。“今后中国也要有火车轮船！”富国强兵的理想激励着少年詹天佑立志发奋求学。

詹天佑到达美国后，为了尽快掌握英语，他和同学们分散居住在美国市民的家里。詹天佑学习英语进步很快。第二年，当他能听懂英语讲课时，考进了西海文小学。“学习，是为了救国！”年幼早熟的詹天佑用功读书，不到三年就小学毕业了。1876 年，他以优异成绩考进了纽海文中学。

从小就热爱自然科学的詹天佑进人中学后，特别喜好数学、物理、化学等课程。课堂上，他认真注意听讲；课后，他广泛阅读参考书和科学知识读物。此外，他还主动找老师出些参考习题进行演算。他的数学成绩优异，数学教师诺索卜夫人特别器重他，鼓励他努力学习，将来做一名科学家。

1878 年，詹天佑以优异的成绩中学毕业，他牢记自己的誓言，接着考上了美国著名的耶鲁大学土木工程系，专攻铁路工程专业。在大学的四年中，他刻苦钻研，起早贪黑，每天把全部精力都用在学习上，并在一二年级时获得数学奖金。在大学毕业考试中，他的数学成绩得了第一名，学校颁发了奖状。他的毕业论文《码头起重机的研究》得到教授的很高评价，获得了学士学位。

詹天佑 12 岁远涉重洋到美国留学，从小学开始，一直读到大学毕业，共十年之久。这是他为建设中华而发奋学习的 10 年。

1881 年 7 月，詹天佑踏上了归国的路途。他怀着为中国人争气的雄心壮志，担任了中国人自己修建的第一条铁路京张铁路的总指挥，从动工到通车只用了 4 年时间，比原计划提前两年完工，还节约了 28 万两白银，在中国铁路史上写下了光辉的一章。

但丁与《神曲》

> 如果我们被打败了，我们就只有再从头干起。
>
> ——恩格斯

1300年6月至8月间，但丁被推举为佛罗伦萨的六大执政官之一，从而开始了政治家的生涯，同时也踏上了不幸的命运之路。

但丁是一个知识博大精深的学者，通晓哲学、神学、天文、地理、算术、几何，也熟悉历史，还是一位闻名遐迩的诗人，人们四下传颂着他的情诗，谈论着他的趣闻轶事。这一切都构成他施展自己远大抱负的基础。佛罗伦萨的市民们选择但丁出任执政官，希望他能重视他们对社会的看法，注意他们的情绪和思想。当然，这也是但丁自己的愿望。

但是，政界仕途并不像他想像的那样美好，而是一条充满阴谋、狡诈、妒忌、野蛮和残酷的路。当时的家族宿怨、宗派对立、敌对情绪弥漫于佛罗伦萨的市民中间，危害正常生活的恶行，破坏秩序的阴谋无处不在，这一切都在从根本上动摇市政会议的权力基础。由于但丁拒绝了教皇逢发尼西八世要求佛罗伦萨提供金钱和士兵为其扩展领地的无理要求而引起了教皇仇恨，在教皇的鼓动下，市政厅的反对派黑党和多那底家族发动了一场夺权的暴动。暴动被粉碎了，但不久以科索、多那底为首的一伙黑党豪绅和贵族又向市政厅挑衅，闹事的人后来遭到了惩罚，都被赶出了佛罗伦萨城。但丁此时处于光辉的顶点，他被看成了民众的救星。

为了缓和紧张局势，避免外国军队入侵，但丁作为前往罗马的三位使者之一晋见教皇。教皇假意应允了他们的请求，却把善于鼓动民众的但丁留在罗马，暗地里让法军开进了佛罗伦萨，残酷镇压市政议会和白党分子。

1301 年底，佛罗伦萨的新任法官康泰·加勒列里在教皇的授意下签发了放逐但丁的判决书，但丁被指控为小偷、骗子、贱民。1302 年 3 月 10 日那天，法庭公布了对但丁处以火刑的第二次判决，宣称但丁一旦被捉拿归案，即刻将他活活烧死。消息传到罗马，但丁想回佛罗伦萨开展斗争的想法破灭了，从此他不得不客居异乡，漂泊流浪。

但丁没有停止战斗，他要为真理和正义而战。他和其他流亡者组织起来，把以前的敌人基伯林派团结起来，为返回佛罗伦萨展开积极活动。他们把一切可以团结起来的人团结起来，拼凑成一支人数众多的杂牌军，开始向佛罗伦萨进发，企图一举夺回本应属于他们的城市。1303 年 3 月，这支接近四千人的军队在佛罗伦萨附近遭到人数不多的黑党军队的攻击，竟然一败涂地，几乎全军覆没。

1303 年夏末，新教皇贝纳特十一世即位。新教皇企图消除佛罗伦萨的仇恨情绪和流血争端，派人前去斡旋和平。流亡者趁黑党首领晋见教皇之机再次进军佛罗伦萨，结果又告失败，但丁由于当初发表过反对意见，结果遭到流亡者的责难、威胁和谩骂。但丁形单影只，孤苦伶仃，他彻底失望了，也不再抱返回家园的幻想，只希望找一个栖身之处，供自己隐居、学习、思考和创作。

此时但丁已经 39 岁，历经失望和苦难的诗人的天才被激发出来了，但丁产生出写作的强烈欲望。于是但丁来到勿罗拉的司加拉家族的宫廷政治避难。在这儿的宁静生活中，但丁奋笔疾书，开始了《神曲》的创作……

失败到底是幸运还是惩罚，这要看个人对它的反应。若你能够将失败看成命运之手对你的无形引导，并接受这一信号，把自己的前进方向调整到正确的轨道上，那么失败对他们来说就是幸运。若你将失败看成是天意对你本身软弱与无能的暗示，而从此心灰意懒，那么失败对你来说就是惩罚。

米老鼠征服世界

无所事事只是薄弱意志的避难所。

——斯坦霍普

华德·狄斯耐，一个艺术创作家，他通过卡通给世界带来欢乐；也通过卡通，使自己成了亿万富翁。而他这一生的事业，只是起源于生活中一只普普通通的小老鼠。

全世界的人，不管是大人还是小孩，都曾经为《米老鼠》疯狂过，在阿拉斯加的某个地方，影迷们甚至组织了米老鼠会，很多人不远千里而来，相聚在雪屋中。

是的，他曾经贫穷过，可是后来却非常有钱。像大多数成功的企业家那样，他把多余的钱全部投资在事业上，他认为储蓄的利息，总是不及摄制影片所得的利润多。

少年时代的华德·狄斯耐，曾在美国的堪萨斯城谋生，他的志愿是要成为一个艺术家。起初他来到堪萨斯《明星报》应征，想谋取一个美术编辑的职务，但该报主编看过他的作品以后，认为缺少新思想而婉拒了他的请求，这真使他感到万分的失望和沮丧。

后来，他终于找到了一份为教堂画壁画的工作。对艺术家来说，这可是个高尚的工作，连米开朗基罗、达芬奇和拉斐尔都从事过同样的工作。可是，为教堂服务的报酬非常低，使他没有钱租用画室，只好借用父亲的车库作为临时办公处。这样的生活十分艰苦，但他并不这么想，这充满汽油味的车库，对他的影响，至少值100万美金。

有一天，当他和往常一样在车库工作的时候，忽然看见一只老鼠在地板上跳舞。他赶紧回到家里，弄了一些面包屑给它吃。渐渐地，他们混得很熟，有时候，那只老鼠竟敢大胆地爬上他工作的画板，有节奏地跳舞。

不久以后，狄斯耐被介绍到好莱坞去工作，主持拍摄一部以动物为主角的卡通片。不幸得很，他失败了，不但因此再度失业，而且两手空空，一文不名。

正在潦倒不堪的时候，他突然记起了堪萨斯车库里那只爬到画板上跳舞的老鼠。一时间福至心灵，他立刻跳起来，在画板上画出了那只老鼠夸张的轮廊，米老鼠卡通片就这么平凡地诞生了。谁会想到堪萨斯城车库里一只卑贱的老鼠，会成为世界上最负盛名影片的主角呢？影迷写给米老鼠的捧场信如此之多，超过世界上任何知名演员，米老鼠足迹所至的国家，也总是卷起一股追捧的狂潮。

在米老鼠影片中的米老鼠配音，总是由狄斯耐亲自负责。同时，许多其他动物的配音演员，也多半由他自己担任，所以狄斯耐花费了不少时间，到动物园去研究动物的声音。但同时狄斯耐又招募了134个助手，分担他各方面的工作，每部影片的制作细节，包括画稿、字幕、音乐等等，他都乐意放手。

狄斯耐尽量多利用时间研究新的计划，每逢研究有了心得，便在工作会议上与助手们讨论。有一次，他曾向他的助手们建议，要把美国民间流传的童话故事《三只小猪》和《大坏狼》的故事搬上银幕。但是他的助手们都不赞同这个意见，狄斯耐只好暂时取消这项计划。可是“三只小猪”的形象总是在他脑海里转动，使他忍不住接二连三提出了好几次，仍然没有得到助手的支持。不过，明智的助手们终于放弃了自己的原则：“好吧，让我们试试看。”这无非是他们不忍扫了狄斯耐的兴致，打心底来讲，他们根本不相信这个想法能取得成功。

一部米老鼠影片的完成，总是需要3个月的时间。而在制作《三只小猪》时，他们不愿意太耗费时间，结果只用了两个月的工夫就草草杀青了。没想到《三只小猪》问世后，很快风行整个美国。所有的人都在哼着“谁怕那只大坏狼，大坏狼，大坏狼……”的新歌。《三只小猪》获得了意想不到的成功。

据狄斯耐自己说，该片在某些戏院曾重映七次之多，真是自有动物卡通片以来所仅有的现象。很多人以为他的公司至少赚了 30 万元，但狄斯耐亲口对我说，仅赚了 12.5 万元。

狄斯耐和米老鼠就这样征服了世界。每一个人都有一段不寻常的经历，每个人的一生都是一部完整而生动的小说。但是并不是每个人都能成为伟大的明星。因为大部分人都没有信心，他们总觉得自己太平凡了，他们的人生经历比起别人来也毫无值得称道之处。于是他们人生中那些精彩的片段也最终随着自己的生命而消失了。

罗伯特的成才路

温柔的人，也会有铁一样的意志。

——欧文·斯通

罗伯特·梅里尔在布鲁克林长大。那时他胆小，而且说起话来口吃得厉害，所以最怕被老师叫起来当着全班同学的面说话。有时，当罗伯特知道上课时老师会向他提问，他就逃学，每逢躲不开的时候，他就背对着全班站着朗读，同学们常常取笑他。

而罗伯特真正得到解脱是在 15 岁的时候。那时正赶上经济大萧条，他不得不辍学，在曼哈顿地区帮父亲和叔叔把服装和鞋送到顾客家里去。他们付不起工钱，但是干那种跑腿的差事改变了他的生活道路。

起初罗伯特对歌剧情有独钟——这主要是受妈妈的影响，她是一个业余歌手，嗓音优美。当她听到罗伯特在家里唱歌，就带罗伯特去拜见一位声乐老师。这位声乐老师的工作室就在大都会歌剧院里，罗伯特心里充满了对他的敬畏。罗伯特交不起学费，但是这位老师同意他靠奖学金学习唱歌。

罗伯特利用午餐的时间，手里抱着一大堆鞋盒和衣物去上课，或是干完了活去上课，那时已经累得精疲力竭。罗伯特和妈妈都没有把上课的事告诉父亲，因为他们知道他是不会理解的。

一天，上完课后他回家晚了，父亲要知道他为什么这么晚才回家，不能再保密了，他只好把上声乐课的事告诉了父亲。虽然父亲不知道什么是声乐课，但没有阻止他。

这以后不久的一天，罗伯特去第 57 街送货的时候，看见在斯坦韦大厅前围着一群人。原来是旅游胜地艾迪罗恩迪山的斯卡鲁恩庄园要招收一名暑假帮工，这里正在进行面试。

罗伯特唱了一首歌，压倒了 40 多名对手，得到了这份工作。那时候他 18 岁，因为缺乏实际经验，他感到非常紧张，但是在工作中他什么活都得干，这种紧张感很快就消失了。女声合唱队唱歌的时候，他给她们伴唱，同时还为一个名叫雷德·斯克尔顿的青年喜剧演员当助手。第一次听到观众的掌声时，他就知道这条路走对了。

罗伯特不敢相信，只要一上台演唱，他的口吃就消失了。每次站到一批新的观众面前，他的自信心就得到进一步加强，胆怯也随之消失。他学到的最重要的东西是：人的软弱一面是能克服掉的。

罗伯特后来成为美国最负盛名的男中音歌唱家。有九位美国总统曾慕名前往听他演唱。

每一个涉世未深的年轻人都有一种自卑的心理，这是正常的，但是这些年轻时的自卑感总会在以后的生活中逐渐消失。区别在于：有些人早早地甩掉了这个思想的包袱，他们成为了较早成功的人；而有的人迟迟不能从自卑中走出来，那么他们旧的自卑尚未消失，新的自卑又出现了。很明显，后者对于一个人的成长是相当不利的。

牛仔推销员

你要是爬山，就爬到顶，一摔倒，就会跌到深渊里。

——高尔基

当我创办我的电讯公司时，我知道我需要推销员来帮我拓展业务，我张贴了告示，希望找到合格的推销员，并开始与应聘人员会晤。我理想中的推销员要从事过与电讯业有关的工作、熟悉地方性市场，并对操作不同类型的系统有相当经验，敬业且积极主动。

我几乎没有时间来训练人，所以我雇请的推销员必须马上进入角色。

在招募未来人员这个令人疲惫的过程中，有个牛仔走进我的办公室。我从他的穿着知道他是个牛仔。他穿着横条花布的裤子和很不相称的横条花布的夹克，一件短袖的按扣衬衫，胸前的领带结比我的拳头还大，牛仔靴、棒球帽。你可以想像我在想什么："在我的新公司中，他可不是我心目中的职员。"他坐在我的桌子前面，脱下帽子，说："先生，我'金'地希望能够在电讯'死'业中成功。"他的发音实在糟透了。

我企图找出一种委婉的方式，告诉这家伙他完全不是我心目中的职员。我问他背景如何。他说他有俄克拉荷马州州立大学的农业学位，过去几年暑假他都在俄克拉荷马的巴特斯村农场工作。他宣称这一切都已告一段落，现在他想在"死"业上得到成功，他"金"地希望能有机会。

我们继续往下聊。他相当注重"成功"并希望能有机会，所以我就决定给他一个机会。我说我会和他在一起两天。两天内我会教他想卖出某种小型电话系统该知道的一切。两天后他就得自己来。他问我，我认为他可以赚多少钱。我告诉他："看你的长相和你目前所知道的来看，你最多一个月可以赚到 1000 美元。"我继续向他解释，每组小型电话系统的佣金是 250 元。如果他每个月拜访 100 个潜在客户，他大约就可以卖出四组小型电话系统。卖四台，他可以赚 1000 美元。我立即雇用了他当无固定薪的推销员。他说这听来很不错，因为当农场雇员每个月只有 400 美元，他已经准备好要赚这笔钱了。第二天早上，我尽可能填鸭似地把电讯"死"业所需的知识告诉这个 22 岁、没有做生意经验、不知电讯为何物、也没有销售经验的牛仔。他一点也不像是电讯事业的专业售货员，也不具备任何我理想雇员的条件，除了他百分之百地期望着成功。

两天训练结束后，牛仔（我一直这样叫他）走进他的小办公室。他在一张纸上写下了四个提示：

一、我要做个成功的生意人。

二、我每个月要拜访一百个人。

三、我每个月要卖四组电话系统。

四、我每个月要赚一千元。

他把这张纸贴在小办公室座位前面的墙上，开始工作了。

第一个月结束，他并不只卖四组电话系统。在他当推销员的前 10 天，他就卖出七组电话系统。

第一年，他赚的并不是 12000 元佣金。他的佣金竟超过 6 万元。

我非常惊讶。有一天，他走进我的办公室，拿着一张契约和一笔电话系统的款项。

我问他这一组是怎么卖出去的。他说："我只告诉她，'女士，即使它只会响，让你来接电话，这家伙也比你用的那个漂亮多了'，于是她就买了。"

这个女人签了一张全额付款的支票给他，但牛仔并不确定我收不收支票，所以他载她到银行让她领现金付款。他把总共 1000 元的纸钞拿进我的办公室，问："赖瑞，我做得好吗？"我向他保证，他做得棒极了！

3 年后，他拥有我公司的一半股权。在另一年年底，他又拥有了其他三家公司。那时我们是彼此的事业伙伴。他开着一辆 32000 美元的人货两用车。他穿着值 600 美元的牛仔式套装、500 美元的靴子，戴着一只三克拉的马蹄形钻戒。他的“死”业已经很成功了。

牛仔怎么成功的？因为他努力工作吗？这确有帮助。他比别人聪明吗？没有。在刚开始时他对电讯事业一无所知。那是什么呢？我相信是因为他“想要成功”——他对成功十分急切。我知道那是他所要的，他就去追求。

他负责任。他对他的处境、他自己的过去（农场雇员）负责任，然后他以行动使之截然不同。

他有决心离开俄克拉荷马的巴特斯村农场，寻找成功的机会。

他愿意改变，再做同样的事他会得到不一样的结果，他想做应做的事使自己成功。

他有见识与目标，他看待自己像个会成功的人，他把目标分门别类写下来。他写下四个要完成的目标并把它贴在自己前头的墙上。他每天都看得到，而且聚精会神地执行。

他执行目标，并坚持不懈，这对他而言并不是一直很容易。他也经历过挫折，他比任何推销员吃了更多次闭门羹，被挂断过更多次电话，但他绝不因此停下脚步，他继续往前走。

他要求，他确实很会要求！首先他要求我给他机会，然后他要求每个人，好像他们都要向他买电话系统一样。他的要求兑现了。他常说：“猪偶尔也会捡到橡实吃。”这意味着，如果你不懈地要求，最后，人们总会答应。

他在乎，他在乎我和他的顾客。他发现他只要关心客户超过关心自己，不多久他就不必担心他自己。

最重要的是，牛仔每天都像胜利者一样地开展工作！他会敲敲前门，希望有好事发生。不管发生任何事，他相信事情都会跟他想像的一样。他不预设失败，只期待成功。

我发现如果你希望成功且付诸行动，你多半就会成功。

牛仔已经赚了几百万元。他也曾变得一无所有，又再把它们赚回来。在他和我的生命中，我们都相信，一旦你知道且熟悉成功的原则，它们就会一再地为你效力。

在进行充分了解之前，不要轻易看不起任何人。真正有能力的人不会把精明写在脸上，但是他做出的成就会让很多人无地自容。而对于一个管理者来说，错看了一个人才，固然是件遗憾的事情；而错过一个人才，则是不可原谅的。

从孤儿到总统的路有多远

> 对于一个意志坚强的人来说，无事不能为。
>
> ——海伍德

很多年以前，在俄亥俄州丛林中的一间小木屋里，一个可怜的妇女抱着18个月大的婴儿，苦苦地祈求上帝，保佑孩子无灾无难、健康成长。这个孩子是她此生惟一的希望和寄托，她的丈夫刚刚撇下她们母子，去了天堂。对她来说，世界已经失去了原来的颜色。

上帝仿佛听到了她的祈祷，这个婴儿平平安安地慢慢长大了，母亲为此感到欣慰不已。为了给母亲分忧，他小小年纪就学会了劈木柴，还在森林中开垦了一片荒地，种了一些庄稼。除了帮助母亲干活，他还非常努力地学习，每一本借来的书他都仔细阅读。

到他16岁时，他已经像一个成年人一样，能够一个人把一群骡子赶到城里去。于是，母亲帮他在一个学校找到一份差使——擦洗地板和打铃，所得的报酬正好够他的学习费用。

在第一个学期，他只花费了17美元。到下一个学期开学时，他的口袋里只有6个便士。第二天，连这笔小小的财产也被他扔进了教堂的捐献箱中。他在一个木匠那里找到了新的工作，每个晚上以及周末，他要为木匠刨木板、清洗工具、管理灯火等等，每周的工资是1美元。在工作后的第一个星期六，他一口气刨好了51块木板，木匠很欣赏他的勤奋，额外给了他

1 美元 2 美分的奖励。这一个学期，他不仅自主付清了所有的学习费用，还有了 3 美元的结余。同年冬天，他找到一份家庭教师的工作，月薪是 12 美元，如果时间充足，他还继续帮那个木匠刨木板。等到来年春天，他居然积攒了整整 48 美元，在新学期，他每个月的生活费用提高到了 31 美分。

很快地，这个小伙子以优异的成绩进入威廉斯学院。两年之后，再以同样优异的成绩从那里毕业。在 26 岁那年，他成功地进入了州议会。33 岁，他已经成为了年轻的国会议员。而 27 年之后，这个当年的孤儿走进了白宫，成为了美利坚合众国的总统，他就是詹姆士·加菲尔德。

不是每一个人都能成为总统，毕竟总统只能有一个。但是我们可以相信，每一个总统都走过了曲折而有意义的人生道路。当我们站在人群中，以钦羡的目光看着总统的车队从面前浩浩荡荡地开过时，有没有想过，中间那辆高级防弹轿车里，也许会有一天坐的就是你呢？

哥伦布发现新大陆

世上最坚强的人，就是独自忍受一切的人。

——易卜生

哥伦布发现美洲，改变了整个人类文明的发展历程，所以每年 10 月 12 日，人们会举行盛大的活动来纪念他伟大的创举。

哥伦布年轻的时候，曾经当过海盗，这在当时是件司空见惯的事情，所有的家庭都愿意把孩子送到海盗船上去工作，使孩子可以增长一点见闻，尝尝人间艰辛，而且还可以多赚一点钱。在他们看来，这种事情只要不被送上绞刑架，也就无损于他们家族的光荣和体面，要是真的不幸被逮着了，还说不定可以获得王室的青睐，取得一个更体面的地位。事实上，当时很多人就是通过这条路成为新贵的。

早在哥伦布上学的时候，就读过一本毕达哥拉斯的著作，首次知道地球是圆的，他把这种理论深深地牢记在脑子里。经过很长时间的思索和研究后，他大胆地提出，如果地球真是圆的，他也许可以经过极短的路而到达印度了。

自然，许多学识渊博的大学者和哲学家们都耻笑他的观点。向西方行驶却想到达东方的印度，这不是痴人说梦话吗？他们告诉他：地球不是圆的，而是平的，然后又警告道：如果他一直向西航行，他的船将驶到地球的边缘而掉下去……

然而，哥伦布坚信自己的推断，只可惜他家境贫寒，没有钱让他实现这个冒险的理想。他想说服别人给他提供帮助，可是“理智”的人们不愿意用他们的钱去冒险。他一连空等了17年，还是失望，所以，他决定不再向这个“理想”努力了。太多的忧虑和失望，使他满头的红发也完全变白了——虽然当时他还不到50岁。灰心的哥伦布，这时只想进入西班牙的修道院，去了此残生。

正在这时候，他的救星来了。罗马教皇对哥伦布的异想天开很感兴趣，劝说西班牙皇后伊莎贝露帮助哥伦布。教皇给了他65元路费，让他去见伊莎贝露。但他自觉衣服过于褴褛，便用这些钱买了一套新装和一头驴子，然后启程赶往马德里，沿途穷得竟以乞讨糊口。

皇后果然对他的理想大感兴趣，答应赐给他船只，让他去从事这项冒险的工作。可惜的是，水手们都怕从世界的边沿掉下去，没人愿意追随他。这时哥伦布重操当海盗时拉人入伙的旧业，鼓起勇气跑到海滨，顺手捉住了几位水手，先是商量，再是哀求，然后是利诱，最后是恫吓，把他们逼上了这条有史以来最伟大的海盗船。同时他又请求女皇释放了狱中的死囚，答应他们只要冒险成功，就可以免去罪责，恢复自由。一切准备就绪，1492年8月3日（星期五）的黎明，哥伦布率领88名水手，分驾三条船，开始了那次划时代的航行。

他那种无畏、勇敢和百折不回的精神，不愧是我们的模范。当水手们畏缩的时候，他热情地鼓励他们勇敢地前进。当水手们老羞成怒逼迫他返航时，他的答复只是这么一句话：

“前进啊！前进啊！前进啊！前进啊！”

最后哥伦布的探险成功了，但在“新大陆”所创立的殖民地，却使他失望和痛苦。第一，印第安人并不欢迎这些侵略者，弓箭和利矛随时会飞进他们的营地；第二，殖民地的总督嫉妒他的功劳，时时不忘给他小鞋穿，最后干脆利用职权，诬告他渎职贪污，用一根铁链把他拴起来，直接送回了西班牙。虽然他一到西班牙，立刻就恢复了自由，但是，他所遭受的失望和痛苦，已足够使他伤心和感叹无穷了。

他曾被授予“海上总司令兼印度总督”的头衔，但那只是虚有其名而已，直到去世，从没有正式获得过什么“实权”，甚至没有享受过一天的“荣耀”。最不公平的是，他所发现的新大陆，竟未用他的名字来命名！反倒用了一个制地图者的名字来命名。还要说什么呢？他发现新世界的报酬，仅是“伤心”和“羞辱”罢了。

假如哥伦布知道自己发现了新大陆，至少他精神上是得到了快慰，可惜，他临死都不知道。他还以为，自己只不过是发现了一条到达印度的新航路而已，所以把美洲红皮肤的土人，也称呼为“印度人”；却做梦也想不到自己已发现了新大陆呢！

人类或许有这样的通病：一方面希望自己卓尔不凡，另一方面希望别人一事无成。积极的人会为此不断努力；而卑劣的人只会在别人努力时拼命拖后腿，这样才能确保两者在同一条起跑线上，甚至干脆利用更下流的手段，把胜利的果实据为己有。但是，这种行为终究是愚蠢的、可笑的，因为每个人都长着一双眼睛，也许他可以蒙蔽历史一时，但历史终究要恢复他本来的面目。

欧洲的陶瓷之父

在坏事上的固执，在好事上则是持之以恒。

——布朗

1510年，伯纳德·帕里希在法国南部的一个主教郊区出生。他的父亲可能是位玻璃商人，帕里希从小就跟随父亲做生意。他家境贫穷——太穷了，以至于无力供他上学。1828年，18岁的伯纳德·帕里希离开了法国南部的家乡。按他自己的说法，那时候他“一本书也没有，只有天空和土地为伴，因为它们对谁都不会拒绝”。当时他只是一个不起眼的玻璃画师，然而，他内心却怀着满腔的艺术热情。

一次，他偶然看到了一只精美的意大利杯子，完全被它迷住了，这样，他过去的生活完全被打乱了。从这时候起，他内心完全被另一种激情占据了——他决心要发现瓷釉的奥秘，看看它为什么能赋予杯子那样的光泽。此后，他经年累月地把自己的全部精力都投入到对瓷釉各种成分的研究中。他自己动手制造熔炉，但第一次以失败告终。后来，他又造了第二个。这一次虽然成功了，然而这只炉子既耗燃料，又耗时间，让他几乎耗尽了财产。最后因为买不起燃料，他无奈只能用普通火炉。失败对他已经是家常便饭，然而每次他在哪里失败就从哪里重新开始。最终，在经历无数次的失败之后，他烧出了色彩非常美丽的瓷釉。

两年来，帕里希的实验始终没有取得可喜的成果，他的生活也再一次窘困不堪。不过，他下定决心再做最后一次尝试。

为了改进自己的发明，帕里希用自己的双手把砖头一块一块垒了起来，建了一个玻璃炉。终于，到了决定试验成败的时候了，他连续高温加热了6天。可是，出乎意料的是，瓷釉并没有熔化。但他当时已经身无分文了，只好通过向别人借贷又买来陶罐和木材，并且想方设法找到了更好的助熔剂。准备就绪之后，他又重新生火，然而，直到燃料耗光也没有任何结果。他跑到花园里，把篱笆上的木栅拆下来充柴火，但仍然没有效果。

帕里希的妻子和孩子跑出家门，发疯般地在镇上呼喊着帕里希疯了。因为他们发现帕里希把家具当木材烧了。

奇迹终于发生了：熊熊的火焰一下子把瓷釉熔化了。

帕里希还在逐步对实验做着改进，他要尽最大可能创造出最完美的作品。如今，他的作品被古玩家们公认为“橱柜中的宝石”。

有的时候，坚持自己的理念是何其艰难。因为人们永远无法知道未来将发生什么。如果一味安分守己，自然可以平平安安，直至老死。而如果要从事一个开创性的工作，或者从事公认的危险职业，虽然能在挑战中寻找乐趣，或者在成功后享受胜利，但是他们失败的可能性要远远大于成功的可能性，这也是伟人和普通人不同的地方之一吧。

征服命运的小男孩

勇于忍耐，就是征服命运。

——坎贝尔

有一所位于偏远地区的小学校由于设备不足，每到冬季便要利用老式的烧煤锅炉来取暖。有个小男孩每天提早来到学校，将锅炉打开，好让老师和同学们一进教室就能享受到暖气。

但有一天老师和同学们到达学校时，发现有火苗从教室里冒出来。他们急忙将这个小男孩救出去，但他的下半身已被严重灼伤，整个人完全失去了意识，只剩下一口气了。

送到医院急救后，小男孩稍微恢复了知觉。他躺在病床上迷迷糊糊地听到医生对妈妈说："这孩子的下半身被火烧得太厉害了，能活下去的希望实在很渺茫。"

但这勇敢的小男孩不愿这样就被死神带走，他下定决心要活下去。果然，出乎医生的意料，他熬过了最关键的一刻。但等到危险期过后，他又听到医生在跟妈妈窃窃私语："其实保住性命对这孩子而言不一定是好事。他的下半身遭到严重伤害，就算活下去，下半辈子也注定是个残废。"

这时小男孩心中又暗暗发誓，他不要做个残废，他一定要起身走路，但不幸的是他的下半身毫无行动能力。两只细弱的腿垂在那里，没有任何知觉。

出院之后，他妈妈每天为他按摩双脚，不曾间断，但仍是没有任何好转的迹象。即使如此，他要走路的决心也未曾动摇。平时他都以轮椅代步，有一天天气十分晴朗，妈妈推着他到院子里呼吸新鲜空气。他望着灿烂阳光照耀的草地，心中突然有了一个想法。他奋力将身体移开轮椅，然后拖着无力的双脚在草地上匍匐前进。

一步一步，他终于爬到篱笆墙边，接着他费尽全身力气，努力地扶着篱笆站了起来。抱着坚定的决心，他每天都扶着篱笆练习走路，一直走到篱笆墙边出现了一条小路。他心中只有一个目标：努力锻炼双脚。凭着钢铁般的意志，以及每日持续的按摩，他终于能用自己的双脚站起来，然后走路，甚至能跑步。他后来不但走路上学，还能和同学们一起享受跑步的乐趣，到了大学时，他还被选入田径队。

一个被火烧伤下半身的孩子，原本一辈子都无法走路跑步，但凭着他坚强的意志，跑出了全世界最好的成绩。

坚强的意志，可以创造奇迹。对于一个遭遇不幸的人，首先要战胜的就是心理的阴影，这个过程是艰难的。而这种艰难往往是人为制造的，一方面来自自身的自卑和沮丧，另一方面则来自滥施同情或者心术不正的人们。但是不幸的人一旦战胜这一切，就会成为一个比平常人更加坚强的强者。

坦普登的决策

信心是命运的主宰。

——海伦·凯勒

约翰·坦普登的高中时代是在田纳西州的温彻斯特度过的。他内心里经常梦想着有朝一日要成为一家大公司的首脑。

等他到英国读完硕士回来，立即前往纽约，正式开始追求自己的目标。他的起步是一家颇具规模的证券公司，他在公司里的职务是投资咨询部办事员。

不久，朋友告诉他有一家公司正在招聘年轻上进的财务经理。这家公司的名称是“国家地理勘察公司”，是一家石油勘探公司。约翰听说之后，便前往应征，因为他认为这家公司可让他进一步学到许多有关财务经营方面的东西，于是他就进了这家公司，一干就是4年。4年之后，虽然这家公司业务非常稳定，而且他的表现也不错，但是他觉得能学的也学得差不多了，他又开始怀念起老本行了。

于是，一咬牙，他又回到早先的那家证券公司工作，并等待机会。最后，机会终于被他等到了，一名资深职员即将退休，这个人拥有8个相当有实力的客户，欲以5千美元出让。

这对约翰来说是相当大的赌注，5千美元相当于他的全部财产，若此举失败，他将会变得一贫如洗。而且，这些客户顶下来之后，能不能留住还是问题。这时约翰再一次面对重大抉择。最后，他一心想自立门户的雄心战胜一切，他接下了这8个客户，并且立即一一前往拜访，十分坦率而且诚挚地向他们说明自己的理想与计划，客户们皆被他的热情与直率所感动，都表示愿意留下观察一段时间，当时，约翰才28岁。

两年的岁月很快就过去了，约翰几乎每天都在为员工薪金及管理费用忙得焦头烂额，有时候，他连自己的薪金都拿不出来。两年期间，公司便是在这种拮据的情形下惨淡经营着，虽然如此，公司的服务品质并无降低，反而愈来愈高。熬到第三年，终于苦尽甘来，公司业务开始蒸蒸日上，客户也有显著增加，约翰自立的梦想终于在现实生活中实现。

今天，他已经是一家投资咨询公司的总裁，拥有将近一亿美元的资产，并兼任某大型互助银行的常务董事及数家公司董事。于是，一名17岁高中生的梦想在他40岁前便实现了！

与希望相对的是恐惧，当你被恐惧包围时，会变得优柔寡断，犹豫不决。任由恐惧心理支配，凡事是不会成功的。从约翰的经历中，我们也可以看出，仅有梦想是不够的，有了梦想，还要有实现梦想的毅力和决心，同时辅之以勤的劳作与不懈的努力，梦想才能变成现实。

不要被面前的雾迷住了你的眼睛，相信雾的后面就是成功的目标，在那里正有辉煌和荣耀等着你。每一个胸有大志的人都应该明白这个道理，所以他们都会不断地前进，即使眼前出现了暂时的障碍，他们也会以乐观的态度对待。

神勇果敢

批亢捣虚走大梁

天生我材必有用。

——李白

春秋时期的大军事家孙武一直被后世誉为“兵圣”。100 多年以后，孙家又出了 位杰出的军事家，历史上称为孙膑。其实他原来并不叫孙膑，只是因为．受到他同学庞涓的陷害，受了“膑”刑（古代一种去掉人膝盖骨的刑罚)，才被人们称为孙膑。

公元前 354 年，魏国派大将军庞涓带领八万精兵进攻赵国。魏军装备精良，打仗又很勇敢，很快就打到了赵国都城邯郸，把邯郸围了个水泄不通。

赵国没有办法，只好派出使者到齐国请求援兵。

齐和赵是盟国，齐威王立即下令出兵救援。以田忌为大将军，孙膑为军师。

部队开拔之前田忌和孙膑研究了一下这次行动的方案。田忌主张快速赶到邯郸与魏军决一死战。孙膑却认为这样做不是最好的计策。

田忌感到十分迷惑，邯郸危在旦夕，不去邯郸而去哪里？军师孙膑足智多谋，难道他有更好的计策？

“先生有什么妙计，尽管说出来好了，我听您的。”田忌说。

孙膑微微笑了笑，并没有直接回答，而是打了个比喻说：

“我们碰到一团乱丝，如果强拉硬扯，那是永远解不开的，而要慢慢去梳理才对。遇到两个人在打架，不能参加进去打，而要好言相劝才行啊。”说到这里他停了一下，然后才转入正题。“这次我们出兵替赵国解围道理也是这样，不能硬碰硬地与人家交战。我有个计策叫做‘批亢捣虚’，就是要避免与围困邯郸的魏军正面交战，而是进攻他们虚弱的大后方。到时……”

田忌听了连声说：“妙计，妙计。”

于是齐国军队就按孙膑的建议，直趋魏国都城大梁。

魏惠王听说齐国大军压境，十分惊慌。因为国内的力量薄弱，主力全在邯郸前线。只好下了紧急命令，让庞涓立即撤回部队保卫大梁。

庞涓接到魏惠王的命令后，果然十分着急，当即下令抛弃所有辎重，亲自率领轻骑飞马赶往大梁。

孙膑接到庞涓回师的情报后又做了一番部署，命令小股人马进攻大梁，以迷惑敌人。把精锐部队布置在庞涓回军的必经之地桂陵。桂陵这个地方，地势十分险要，依山傍水，正是埋伏的好地方。齐军神不知鬼不觉地设下了埋伏。

再说庞涓率领的魏军一路急行军赶到了桂陵，人马已经疲惫不堪，许多人要求休息一下，喝点水吃点食物，给马也加点草料。庞涓同意了，魏军正要放松歇息时，忽听“杀”声震天，齐军如天兵神将从险要处冲了出来。

魏军又困又乏哪里还能抵挡得住，只见孙膑在高处挥动着令旗，令旗指到哪里，齐军就冲到哪里。

魏军死伤惨重，活着的纷纷缴械投降，庞涓一看大势已去只好开溜，要不是他的马快，他也差点被俘，最后庞涓只带少数亲随狼狈地逃回大梁。

这一仗就是历史上著名的桂陵之战。刘邦取粮入关中。

秦朝末年，农民战争纷起，刘邦奉楚怀王之命向西进攻咸阳。

刘邦的兵力不多，不过万余人，要打败仍然比较强大的秦军，困难重重。一开始即损兵折将，伤亡很大。

刘邦心灰意冷。一天他带领部队到达高阳，准备在这里过夜休整。

当天中午，刘邦坐在床边让两个侍女给他洗脚，军士进来报告说："有一个叫郦食其的老儒生求见。"刘邦懒洋洋地说："叫他进来。"

郦食其进了屋，刘邦连头也不抬。

郦食其见刘邦如此无礼，就说："您想帮助秦朝攻打诸侯呢？还是想联合诸侯打败秦朝呢？"

刘邦破口大骂说："你这没见识的儒生，普天下受秦朝的欺凌太久了，所以诸侯相互联合而进攻秦国，怎么说帮助秦朝攻打诸侯呢？"

郦食其说："真想团结人们联合义兵来诛灭无道的秦朝的话，就不应该这样坐着接见长者。"

于是刘邦停止洗脚，起身整理了一下衣襟，请郦食其上座，向他致歉说："请先生原谅我的无礼，愿意听听您的指教。"

郦食其就谈论起秦与六国合纵连横斗争的成败得失，刘邦听了十分高兴，就请郦食其共进午餐。

席间，郦食其说："您带领乌合之众起兵，又陆续收编了零星部队，还不满一万人，想凭这点兵力直入强秦之地，这如同虎口取食一样。"

"那您说我该怎么办？"刘邦红着脸说。

"陈留是四通八达的交通要道，现在城中又有许多粮草器械，您想不想攻占它？"郦食其问道。

正好刘邦军中粮食不多了，他一直在为这事焦急，刘邦听说有粮，很高兴地说："那真是求之不得了，可是陈留城墙很坚固，我担心一时攻不下来，反而乱了军心。"

郦食其说："我与陈留县令交情很好，请您派我出使陈留，说服他来归顺您。如果他不听，您就发兵攻打陈留，我作内应。"

吃完饭后，郦食其就上路去陈留，刘邦派精兵护送。到了陈留城外，郦食其让士兵在东门外埋伏起来，自己进城去了。

陈留县令见好朋友来了，立即摆出好酒好菜招待郦食其。喝酒时，郦食其用试探的口气说：“如今天下大乱，说不定哪天秦朝就灭亡了。我听说沛公很会待人，为什么不先投靠他呢？”县令很不高兴地说：“朝廷很快就会讨平逆贼，做臣子的怎么能只为自己着想呢！”

郦食其见话不投机，就一个劲儿地给县令劝酒，不一会儿，县令就烂醉如泥。侍女连忙将他扶进内室，县令呼呼大睡，一时很难醒来。

到了半夜时分，郦食其悄悄地来到东门。他对守门的士兵说：“县令要我出城去办一件急事，快开门。”士兵见是县令的故交，就相信了。

门刚一打开，城外埋伏的精兵一下子冲进来，杀了守门士兵，然后分兵杀向兵营和县令的衙门。陈留守军还在睡梦中，突然帐外火光冲天，杀声四起，不知道来了多少人马。只好乖乖地投降了。郦食其带兵到了县衙，杀了卫兵，进入内室，郦食其一刀砍下县令的头，派人带着首级向刘邦请功去了。

刘邦立即率领全部人马进入陈留。打开府库，见到数不清的粮食和锃光发亮的兵器，刘邦乐得嘴都合不拢，立即吩咐士兵赶紧换上新的装备，把陈旧、残缺的兵器全部扔掉。

在陈留休整几天后，刘邦就带领装备一新的队伍，运着大批粮食继续向咸阳进军。这时候，秦军主力正在巨鹿与项羽激战，关中空虚。刘邦一路上没有遇到多少抵抗，很快就攻破蛲关，进入咸阳。秦王子婴投降，秦朝灭亡了。

刘邦采纳郦食其的建议，夺取了陈留大量粮食、武器，壮大了自己的力量，为进入关中创造了十分有利的条件。

庞涓轻敌遭兵败

知人者智，自知者明。

——老聃《老子》

周显王二十八年，魏惠王派庞涓统帅大军，去攻打韩国。韩国抵挡不住魏军，被迫向齐国求援，齐国国王召集大臣们商议，是否出兵去救韩国。齐国的大将田忌说：

“如果不出兵救韩，韩国抵抗不住魏国，就可能要投降魏国，韩、魏联手，就会威胁齐国，对齐国不利。”

相国邹忌说：“无论韩、魏之战谁胜，实力都会受损，那就会有利于齐国。”

大臣们七嘴八舌，有的主张出兵，有的主张坐山观虎斗，闹得齐王一时没了主意。这时，谋士孙膑站出来说：

“韩、魏两国正在交锋，胜败难测，若现在出兵去救援韩国，就是代替韩国去挨魏军的打，使齐国军队受损，还有可能兵败使国家有危险。魏国出兵，意在攻韩。我们应该先向韩国表示我们一定出兵，使韩国寄希望于我们而有信心抵抗，这样也会使魏军受到消耗。当韩国处境危险时，我们再出兵，一则可以减少我们的力量消耗，二则也会使韩国对我国感恩戴德。”

齐王听了，连连点头，决定按孙膑的办法办。

韩国军民听说齐国答应出兵救援，上下一心，坚持抗战，等待援兵。魏军进犯韩国，虽然五战五胜，但也是伤亡惨重。齐国抓住时机，以田忌为大将，孙膑为军师，统军救韩。这次救韩，仍采用“围魏救赵”的办法，大军直指魏都大梁。魏王见国都受到齐军的威胁，忙命庞涓速率大军回国抗齐。

庞涓率大军回国时，齐军已进入魏国国境。孙膑见庞涓领兵回来，对田忌说："庞涓带兵一直骄傲轻敌，急于决战，我们可以利用他这一弱点，诱敌冒进，然后再设埋伏消灭他们。兵书上说：如果走100里去争利，就有使大将军受挫的危险，如果走50里去争利，也只有一半军队能够赶到。我们可以第一天造锅灶10万个，第二天减少为5万个，第三天减少到3万个，让庞涓以为我们的士兵一天天地在逃走。"田忌便按着孙膑的话去做了。

这样，齐军与魏军稍一接触，便立即后撤，让魏军连追了三天。庞涓见手下人数得的齐军锅灶数目一天天减少，果然以为齐军不敢与魏军对抗逃走了。庞涓得意地说："我知道齐军一向怯懦，不敢打仗，我们才追他们三天，士兵已逃跑了一大半，这样的军队，还用得着我带这么多军士去追击吗？于是，庞涓丢下步兵，只率领一部分轻装精锐的骑兵日夜兼程，追赶齐兵。

孙膑根据魏军的行军速度，推算出庞涓将于当天日落后进抵马陵。马陵附近，道路狭窄，地势险要，便于设伏。孙膑派1万名弓箭手埋伏在道路两旁，告诉他们："夜间看到火光一齐放箭。"孙膑另派人把路旁一棵大树的皮剥掉，写上"庞涓死于此树之下"。庞涓率领的追兵，果然在预定的时间进入伏击区。庞涓见树上写着字，但天黑看不清楚，遂命人点起火把来照明。齐军一见火光立即万箭齐发，魏军没有任何防备，乱成一团，庞涓这才知道中了埋伏，他一看败局已定又恨又悔，便抽剑自杀了。齐军乘胜追击，又连续大败魏军，前后共歼灭魏军10万多人，也解了韩国被魏国进犯之围。

孙膑的胜利很大程度上是因为选择了最适宜的出兵时机，而庞涓的错误则在于对形势的错误判断而导致失败。善于作战的人，在战争中总是让自己永远处在有利、主动的形势之下，而绝不放过任何出击敌人的机会。

击一得二破张步

恢弘志士之气，不宜妄自菲薄。

——诸葛亮

东汉初年，全国还没有完全统一，存在着大大小小的割据政权。山东一带的张步齐政权就是其中之一. 为此，光武皇帝刘秀起用了一批名将，进行了很多年的战争，才一一消灭了这些地方割据势力，统一了全国。

这一篇所说的就是年轻的名将耿弇征讨张步的故事。

耿弇少年的时候，就喜欢骑马射箭、研究带兵打仗的事，在当地很有名气。21 岁那年，他投奔到了刘秀军中。刘秀很器重他，经常对人夸奖说："耿弇这个小伙子有胆量，有智谋，是个难得的将才，以后肯定会成为国家的栋梁。"

不久，耿弇带大军东征，讨伐张步。由于耿弇指挥有方，汉军连连获胜。这一年的秋天，汉军攻下了济南。

张步在济南失守后，迁都到了剧县（今山东昌乐西）。为了抗拒汉军，派他的弟弟张蓝带精兵 2 万人守西安（今山东桓台东），又令各郡太守合兵万人守临淄（今山东淄博市）。

耿弇军平定济南，稍作休整，便向临淄进军。临淄与西安相距 40 里，汉军先在两地中间的画中县驻扎下来。他亲自察看了两城的外围形势，又派人了解到两城的防守力量。西安城虽小但很坚固，又有张蓝的二万精兵据守，攻打不易；临淄城池虽大却不坚固，而且守城的是各地临时凑合的部队，攻打较为容易。因此，他决定避实击虚，先打薄弱易攻的临淄。

为了迷惑敌人，他集合部队装出一副要攻打西安的样子。同时又故意放出风声，声言5天之后要发起攻击。张蓝听到了这个消息后信以为真，下令全军加强戒备，以防汉军前来攻袭。

耿弇的军事意图不但瞒过了敌人，就连自己的部下也迷惑不解。第四天深夜，耿弇召集将领对他们说："叫后勤人员把干粮分发下去，喊醒士兵吃了继续睡。明天天一亮，到临淄城下集合，违令或迟到者斩。"部下将领中有一个叫荀梁的人提出了疑义。他主张应先攻西安。攻西安的话临淄守军无力来救；若先攻临淄的话，则西安方面必出援兵，到时两下夹攻，形势对我们是很不利的。耿弇听完，耐心地做了解释。他说："我们不能从表面上看问题。西安方面早就听说我们要去攻打，已经有了准备。而临淄还没料到我们会去进攻，出其不意，它一定惊慌失措。一天就可以攻下来。临淄一破，西安孤单，离贼巢剧县又远，张蓝一定会弃城而去。这样就起到了攻下一个可以得到两个的效果……"

说到这里，他停了一下，用眼睛环视了一下全场，接着又说："如我军先打西安，情形就不一样了。你们都知道西安是个坚城，强攻的话伤亡必多，即使能攻破，张蓝也会率残兵奔临淄，二军相合，我们攻打就困难得多了。再说我军深人敌方腹境，所带的粮草不多而又缺乏后援。那样的话，后果不堪设想。"

部下听了，才打消了疑虑，大家都很佩服他的计谋。

第二天拂晓，耿弇的大军如期集合到临淄城下。老天爷似乎也很帮忙，满天的大雾，十步之内看不清人影，汉军到了城下敌人才发现情况有变，仓促应战。因事先毫无准备，这下更加慌张了。耿弇身披铠甲，手执盾牌，亲临城下指挥，各军奋勇争先，架上云梯攀登而上，只用了半天工夫就拿下了临淄。果然如耿弇所料的那样，西安的张蓝听到临淄失守的消息，大为恐惧，连夜带军逃到剧县。耿弇又兵不血刃地占据了西安。

不久以后，张步见大势已去不得已投降刘秀，齐地于是被平定。

这次战役中，耿弇巧妙且又出其不意地先攻打弱敌，再以优势兵力吓跑强敌，冷静的头脑与清醒的作战思路，使得胜利得顺理成章。

窦宪大破北匈奴

恃人不如自恃也。

——先秦《韩非子·外储说右下》

东汉初年，刘秀把军事力量投入到削平群雄的统一大业中，没有能力与周边的异族作战。致使匈奴长期扰乱边境。当刘秀统一了国内以后，已历经了20年战乱的东汉王朝，国力不足，还是不能用武力解决边境问题。东汉政权对匈奴只能采取怀柔和防御的政策。匈奴单于乘机大肆进犯，边境民众遭受匈奴烧杀掠抢，苦不堪言。

到汉和帝即位时，由于年幼，由窦太后主持朝政，开始出兵对匈奴进行了大规模的讨伐。

当时匈取单于呼都而尸道皋若鞮舆已去世，整个匈奴部落分裂成南北两部分，而北匈奴又诸王争立，发生了内乱，南匈奴向汉朝请求出兵攻击北匈奴。执政的窦太后认为，这是汉朝几百年边患得以根除的大好时机，遂不顾朝中大臣们的劝阻，派她的哥哥窦宪为车骑将军，率5万精骑，分三路向北匈奴进发。

北匈奴闻知汉朝派大军来进攻，便将分散的几个部落的军力集中至稽落山（即今蒙古人民共和国的阿尔泰山），以防被汉军各个击破。但由于北匈奴经常受到漠北东部的鲜卑人的攻击，而且当时的草原正遭蝗灾，所以，战斗力受到了很大的影响。

窦宪领兵长驱直人，直抵稽落山，对北匈奴展开攻击，北匈奴单于无心交战，率军北逃，汉军一路追杀至北海，歼北匈奴13000多人，俘获牛、马、羊、骆驼等共百万多头，北匈奴有80多个部落向汉军投降，但北匈奴单于率兵逃脱了。

窦宪登上燕然山（今蒙古人民共和国杭爱山），让当时担任中护军官职的班固差匠刻石碑，以记述这次胜利，宣传东汉北征的伟大战绩。

窦宪获胜后，一面率军回师，一面派出使节去寻找北匈奴单于，希望能招降他。北匈奴见到汉朝使节后，同意投降，并派人同汉使到了洛阳。窦宪看北匈奴单于没有亲自来洛阳，认为他没有投降汉朝的诚意，上书给窦太后，请求再次出征北匈奴。

第二年7月，窦宪再次率领大军出凉州。南匈奴单于为了能尽早攻破北匈奴，派出了8000骑兵，与汉军协同作战。这次，窦宪吸取了上一次正面进攻让北匈奴单于逃走的教训，派班固率军于正面佯攻北匈奴单于，自己率大军及南匈奴的八千骑兵，分兵两路，左路绕西海至河云（今蒙古人民共和国吉尔吉斯湖西南）以西，右路沿匈奴河（今蒙古人民共和国扎布汗河）至河云东，几路大军，趁夜合围北匈奴单于。

北匈奴单于正在与正面进攻的班固交战，突然发觉东、西两翼都有汉军攻击，大惊失色，忙分兵东、西两翼抵抗，怎奈汉军人多势众，有备而来，而北匈奴军是仓皇应战，结果被杀得大败，北匈奴单于身负重伤，在几十个匈奴卫士的掩护下才突出重围，而其余北匈奴军队八千余人全部被歼。

这次进剿后，北匈奴主力被摧毁，只好开始向欧洲迁徙，汉朝的匈奴边患终于得以彻底清除。

窦宪破匈奴的两次大战都获得了胜利，而且，第二次进攻分兵多路，主战场与两翼战场互相配合，取得了丰硕的战果。窦宪的用兵之法贵在求变，以变取胜。其神勇果敢的作战风格值得人们去学习。

增灶进兵平羌乱

自信与骄傲有异；自信者常沉着，而骄傲者常浮扬。

——梁启超

从前孙膑运用减灶退兵之计大败敌人，成为人们传颂的佳话。想不到500年后的东汉却有人采用增灶进兵的计策，成功地平定了羌人的叛乱。这个人并不是什么出身行伍的大将军，而是个白面书生，他的名字叫虞诩。

东汉安帝初年羌人发动叛乱，进犯并州、凉州，朝廷想放弃并州和凉州一带。

虞诩坚决反对这种主张，毅然上书朝廷，表示愿为国家出力，平定羌乱。当时执政的邓太后很赏识他的才能，委任他为甘肃南部武都郡太守。

羌人听说政府要派虞诩到武都做太守，迅速派几千人在陈仓、崤谷（今陕西宝鸡西南）一带拦截。虞诩带领部队行进到陈仓时听到了这个消息。如果同敌人硬拼，羌人在人数上超过汉军，难以取胜。虞诩急中生智，命令部队就地驻扎下来，向当地老百姓散布消息说，我们不走啦，没有军队又缺乏粮食，不是羌人的对手，等援军到了再走。

羌人听说汉军驻下不走，真的以为虞诩力量薄弱，不敢与他们交锋。于是，野蛮的羌兵分赴邻近各州县抢掳财物。

虞诩趁羌兵分散之机，立即命令部队昼夜行军，每天行进100多里。途中休息吃饭时，命令士兵第一天砌两个灶，第二天增加一倍砌四个灶，这样依日递增。将士们对他的这种做法莫名其妙。其中有一位实在忍不住了，问道："兵书上说，每日行军不能超过30里，是为了稳扎稳打，而现在我们却一天走了几乎200里，这是什么道理？古代的孙膑用兵是每天减灶，而您却增灶，我们实在是不明白您的意图。”

虞诩说：“敌人兵多，我们兵少。如果每天慢行军30里，容易被敌人追上，还有被敌人吃掉的危险。迅速前进，对方就估计不出我们的情况。况且见我们的灶每天都在增加，必定以为援军已到达，他们就不敢追来了。过去孙膑为了迷惑敌人，故意示弱，让魏兵追上来中计。现在我们要表示强大，不让羌兵追上来，形势不一样啊！”那人听了心悦诚服。

再说羌兵从后面追来，见到汉军吃饭休息到处是灶，清点了一下数字，吓得面如土色，以为汉军大部队已到，不敢再追了。

就这样虞诩带领人马很快到达了武都郡，但形势依然很危急。虞诩手下兵士不足3000人，而羌兵却多达1万多人。他们围攻武都郡的赤亭城，虞诩亲自带一部分军队前去防守。面对凶悍的羌人的围攻，虞诩镇静自如，他下令射手将强弓劲弩引而不发，只用轻弓、小弓射击。攻城的羌兵以为汉军的弓弩力小，射不远，于是，起了轻视之心，便集中兵力猛烈攻城。这时虞诩下令射手用强弓劲弩一齐射击，顷刻之间，万箭齐发，敌人躲退不及，纷纷倒下。羌兵大喊：“厉害！厉害！”纷纷退走。

为了彻底吓退敌军，虞诩命令兵士整好队伍，扛着大旗，从东门出，北门进；回来以后，换上另一种旗子，从南门出，西门进。每天都来回走动，羌兵见了，又以为汉军的援兵部队到了，大为震动，害怕汉军反击，决定撤围退去。

虞诩早料到羌兵会有这么一招，又在羌兵的退路途中埋下伏兵，打了一个十分漂亮的胜仗。自此以后羌人再也不敢进犯武都，州郡得以安宁。

曹操西攻解东围

吾无过人者，但生平行为，无不可对人言耳。

——司马光

东汉末年，政治黑暗，中央政府名存实亡。各地军阀相互攻伐，混战不休，出现了“白骨蔽中原，千里无人烟”的惨烈景象。

公元200年，曹操和袁绍展开激战，这就是中国历史上著名的官渡之战。这里说的是这一战的前奏——白马、延津之战。

这一年的2月，北方还未解冻，气候还很寒冷。但袁绍为了先声夺人，亲率10万大军抢占了黄河北岸的黎阳要津（今河南浚县东北），他先派大将颜良进攻黄河南岸的白马城（今河南滑县东北），然后，准备全军渡河南进，直捣许昌。

白马被围的消息很快传到了曹军大营，曹操心急如焚，因为进攻白马的是河北名将颜良，派别人去恐怕都不是他的对手。左思右想，只得亲自出马。曹操正待起兵时，忽然帐下一人高声说：“曹公且慢，我以为此时不宜出兵。”曹操一看，说话的是谋士荀攸。

曹操厉声叱道：“我大军即将出征，你何故出言阻拦，乱我军心？”

荀攸回答道：“敌人兵多，我们兵少。以少击多，等于是拿鸡蛋碰石头，那是很危险的！”

曹操是精通兵法的人，听了这话，心中猛地一惊，口气大为缓和，问道：“依你的意思，我们又该如何呢？”

荀攸从容地回答说：“两军相争，如果单凭勇力，那不过是逞匹夫之勇，没有什么了不起的，何况我们的实力还不如人家呢。我建议分一小部分兵力到白马西边的延津，假装要渡河北上，袭击袁绍的后方。袁绍得知后，必由黎阳赶来阻拦。到那时，主公可亲率精兵趁其不备，突然袭击白马袁军，来他个声东击西……”

“好主意！先生不愧是我的智多星。”曹操采纳了荀攸的计策，派兵飞奔延津，似乎要强渡黄河。

探子把曹军要从延津渡河的情况报告了袁绍。袁绍果然中计，急忙率大军前去堵截。而这时，曹操却亲率轻骑掉头东进，日夜兼程，神不知鬼不觉地赶到白马，在离城十里处扎下营寨，颜良还蒙在鼓里。

第二天天刚亮，曹操突然发起攻击。颜良到这时才惊慌起来，仓促应战，由于事先没有思想准备，将无斗志，军无士气。曹军先锋关羽骑着赤兔马如旋风般冲到颜良面前，可怜颜良还没有看清来者是谁，被关羽一刀斩于马下。袁军见关羽如此神勇，吓得魂飞魄散，哪里还敢恋战，纷纷后退。曹操见了把马鞭一指，全军冲杀过去。袁军抵挡不住，纷纷束手就擒，白马之围被解。

白马之围暂时被解，但袁绍的威胁仍没有解除。

再说袁绍发觉自己中计后，恼羞成怒，不听谋臣的劝阻，下令全军渡河，以文丑为先锋，追击曹操。袁军一直追到延津以南，才看到曹军人马掀起的尘土。而这时曹军正以逸待劳，等着袁军来自投罗网呢！

曹操下令，所有的骑兵都把马鞍卸下来，放马去吃草。曹操又令步兵把缴获来的战利品扔到前面的路上。众将领和士兵接到这个命令，都不解其意。

不一会儿，袁军大部队先后赶到。曹操手下将领请求出战，焦急地说：“现在可以出击了？”

“不行，再等一等。不听号令者，斩！”曹操说。

袁军见路上这么多东西，纷纷动手抢了起来。曹操见时机成熟，这才下令发起攻击。袁军大败，主将文丑也被斩杀。

白马、延津之战，劣势的曹军战胜了优势的袁军，这不是偶然。曹操运用了西攻解东围的计策，又故意装出力量薄弱的样子，引敌人上钩，这实在是很高明的计策。

赵子龙一身是胆

自立自重，不可跟人脚迹，学人言语。

——陆九渊

赵云是三国时期刘备手下的一员大将。

那一年3月，蜀主刘备和军师诸葛亮统率10万大军出征，与曹操争夺汉中。

面对强大的曹军，诸葛亮建议刘备派兵去抢夺曹军的粮草，以便先声夺人，打乱敌方的军事部署。

一天，刘备和诸葛亮升帐。诸葛亮问帐下将领谁愿去曹营劫粮，将领们个个争先，尤其是老将军黄忠更为踊跃。诸葛亮便同意了他的请求，同时又命胆大心细的赵云一同前往。

黄、赵领命出帐后，黄忠又提出让他打头阵，请赵云在后接应。二人商议了一下，如果过了约定的时间黄忠还不回来的话，再由赵云领兵前去救应。

第二天天还没亮，黄忠和副将张著带领本部人马偷偷地渡过汉水，攻入曹营。只见满寨的粮草整整齐齐地堆在那里。黄忠大喜过望，正要抢夺时，张郃带兵到来，便与黄忠厮杀起来。不一会儿，魏将徐晃赶来的两队人马把黄忠团团包围起来。

赵云在营寨里焦急地等待消息，约定的时间已经到了，还不见黄忠回来，便交代副将张翼说：

“我们的营寨，前有汉水，地势很不利。我现在领兵去救黄老将军，你留下来守卫营寨，不管发生什么大事，也不要擅离职守。”

说完，赵云跨上战马，带领人马飞快地赶到了前线。事情果然十分严重。眼看蜀军越来越抵挡不住，包围圈越来越小了。赵云大吼一声："当年长坂坡的赵子龙来了，胆大的快来受死。"说着带头冲进重围。

赵云重振当年长坂坡的神威，左冲右突如入无人之境，救出了黄忠。边战边退，准备退回自己的军营。

这时，曹操听说赵云救回了黄忠，便亲率大部人马追赶上来。

张翼连忙打开营门，把赵云等迎了进去，急匆匆地对他说：

"曹贼的追兵立刻就要到了，我们赶快关好寨门，准备防御吧！"

可赵云完全没有采纳张翼的建议，却下了这样一道令人不解的命令：

"立即打开营门，全体将士都到营外的壕沟内埋伏，所有的旗帜、刀枪都放起来，不准发出一点儿声音，违令者，重责！"

暮色降临，曹军如潮水一般涌了过来。但他们一看眼前的情景，全都愣住了，只见蜀军营门大开，内外一片寂静。

多疑的曹操，脑中闪现了这样一个念头，莫非刚才的败退是诸葛亮的诡计？要是没有大量军队埋伏在那里，赵云会如此镇定？抬眼望去，见赵云在暮色中单枪匹马挺立在营前，威风凛凛犹如天神一般。

曹操慌了，调马就走。自乱阵脚的曹军，又像潮水般向后退去。

赵云见时机到了，把银枪一摆，蜀军伏兵四起，一齐冲杀出来。曹军昏暗中不知蜀军到底有多少人马，争相后退，自相践踏，跌入汉水中死者不计其数。

天亮后，刘备和诸葛亮来到赵云营中慰问有功将士，刘备由衷地发出赞叹："真了不起，子龙一身都是胆呀！"

敌我双方交战，不仅仅是军事实力的争斗，也是双方军事指挥员智力的较量。在敌强我弱的情况下，镇定自若，故意装出空虚的样子，使敌人疑中生惧。当然，前提是要在有过人的胆略和对敌方心理彻底了解的基础上才可施行，否则也不会成功。

假土为粮破石勒

自信者不疑人，人亦信之。自疑者不信人，人亦疑之。

——《史典》

西晋王朝灭亡之后，晋朝王室跑到江南的建康（今江苏南京）重建了政权，历史上叫做东晋。

但渡江以后的晋朝皇帝和王公大臣贪图江南花花世界的物质享受，谁也没有心思恢复中原。只有一个叫祖逖的人对天发誓要收复失土，并毅然率领部下渡江北伐。

当时中原地区有一个豪强地主名叫陈川，他为了自身利益竟然不顾民族大义，认贼作父，投靠了石勒。

祖逖十分气愤，亲自率领军队征讨这个民族败类。陈川见势不妙，逃离了他的老巢蓬陂坞，向石勒求救。

这一年的6月，后赵主石勒派他的侄子石虎带领五万人赶来支援陈川。路上遭到晋军的伏击，损失惨重。石虎重整残兵转而骚扰豫州一带，留部将桃豹与晋军对垒。

当时，蓬陂坞的西台被桃豹占据，东台则被祖逖部将韩潜占据。赵军由南门出人，晋军则由东门进出。

这期间，双方几次交战，各有胜负，由于实力相差不多，谁也吃不掉谁。就这样相持了40多天，双方的粮食都将用尽，但谁也不肯先退兵。

祖逖很着急，左思右想，终于想出了一条退敌的妙计。

有一天天刚刚发亮，忽然官道上出现了一支浩浩荡荡的队伍，约有

1000多人。前面打着晋军的旗号，士兵们推着车，挑着担，原来是一支运粮队。只见他们源源不断地把这些粮食运上东台。

饱受饥饿煎熬的桃豹士兵见了，个个瞪着眼睛，又惊惧又羡慕。真恨不得跑去抢一些来，但见对方人多，不敢下手。

机会终于来了，一个眼尖的士兵发现有十几个掉队者稀稀拉拉地落在后面。桃豹赶忙派出了几十人埋伏在路边的隐蔽处，准备抢粮。

这时已是中午，暑月的烈日酷热难当。这十来个掉队的士兵挑着沉重的担子，累得满头大汗。只听他们一边走，一边骂骂咧咧，抱怨祖逖让他们担任这份苦差事。其中一人问一个领头模样的人说：

"王大哥，我们实在是累得不行了，反正也快到了，让我们歇歇脚，喝口水再赶路吧！"

话一说完，大家都表示赞同。

就在他们正要放下担子的时候，桃豹的士兵一哄而上，见粮就抢。这些掉队者逃命要紧，纷纷丢下担子逃走了。桃豹的士兵急不可耐地打开口袋，见里面装的全是白花花的大米。这一下可高兴了，有人竟抓了一把生米放在口中嚼了起来。

原来这正是祖逖的计策，前面运上东台的"粮食"，其实袋中装的全部是土。故意又装了些真正的粮食让敌人抢去，以便迷惑他们。

果然，他们纷纷议论说："看来晋军粮食丰足，完全可以固守下去，而我们连吃的也没有了，这西台怕是守不住了。"从此以后，石勒的部队军心涣散，许多人私下作了准备，时刻准备逃命。就连主将桃豹也失去了坚守的信心，整天唉声叹气，愁眉苦脸，盼着援军的到来。

石勒听说西台守军的粮食用尽也很着急，连忙派部将刘夜堂赶着几千头驴车送粮到桃豹军中。这个情报又被祖逖的探子获知，祖逖派出一部分兵力假装进攻西台，同时，又派出一部分精兵去劫粮，大获全胜。

桃豹得知援军被击溃，粮食被抢去的消息后，长叹一声彻底绝望了。当晚，桃豹便趁着暮色率领部下逃离了西台。

就这样西台被晋军占领。

在战争中敌我双方力量相等，谁也消灭不了谁的情况下，智谋的运用便显得十分得重要。祖逖以假土为粮，迷惑了敌人，不战而胜，这正是他高明的地方。

避北击南伐高丽

古之立大事者，不惟有超世之才，亦必有坚忍不拔之志。

——苏轼

东晋成帝时，割据辽东的鲜卑贵族慕容翰经过多年的苦心经营，羽毛逐渐丰满，于是自称燕王。慕容翰雄心勃勃，还有意逐鹿中原。

一天，建威将军慕容翰来到燕王宫邸，说有要事要面见陈燕王。

“爱卿有什么大事要向我报告?”

“现在中原多乱，邻近各部也多变故，微臣以为正是我大燕出兵的好时机了。”

“爱卿的意思是我们该出兵宇文部……”

“不！微臣以为先出兵高句丽才是上策。”

“啊？这怎么解释?”

慕容翰详细地分析了当时的形势，认为宇文部表面强大，但实际上内部很混乱，只能自守。相反，高句丽离我们虽然较远，但却是我们的心腹之患。再说一旦去攻宇文部，他们担心祸将及已，必然会乘虚而入。不如乘其不备，先打高句丽。

燕王觉得慕容翰的分析很有道理，于是采纳了他的建议。

当时，出兵高句丽的路有两条。北道平坦开阔，利于行军；南道险狭，行军很难，而且路程也远。大多数人主张从北路进发，一举攻灭高句丽。

只有慕容翰独持异议。他认为我们所想到的，敌方也会想到。北路必会有重兵防守。我们偏偏舍近求远，出兵南道。

这年 11 月，燕王亲自率精兵四万出南道，以慕容翰、慕容霸为前部先锋。同时，为了迷惑对方，又派长史王寓等率 15000 人从北路佯攻敌人。

燕军大部队要进攻高句丽的消息很快传扬了出去。高句丽万万没有想到燕军会不远千里来进攻，举国一片惊慌。

高句丽王钊立即召开紧急会议，商讨拒敌计策。谋士们七嘴八舌，你一言我一语一致认为燕军会从北道攻击，建议设重兵防守。

高句丽王派他的弟弟率精兵五万拒守北道。自己率少量老弱残兵守南路，以防万一。

再说南路的燕军披荆斩棘很快来到了关下。高句丽王做梦也没有想到燕军会把南道作为主攻的目标。守关的力量不足，精兵都在北道，要想往回调也来不及了，高句丽王整天苦着脸，不敢出关与燕军交锋。

守关的高句丽兵士见燕军军容整齐，人强马壮，虽然经过长途跋涉，但部队士气仍然很高。高丽兵产生了怯意，不少人害怕起来，纷纷说："这是什么兵呀？我们不是对手，还是投降吧！"

当天，燕军全体将士饱餐一顿。等天一黑，燕军发起了攻击。左常侍鲜于亮率领几千名勇士冲人高句丽军阵中，左冲右突，冲乱了敌军阵形。

黄伞盖下的燕王慕容翰见此情形，把令旗一挥，燕军大队人马掩杀过去。

将士们士气旺盛，杀敌心切，个个像出山的猛虎。高丽兵哪里抵挡得住，弃关而逃。燕军乘胜追击，长驱直人其首都。

高句丽王钊在混乱中赶快换了衣服，扮成老百姓，这才逃脱。

燕军攻打高句丽，就其用兵艺术而言，有许多值得称道的地方。慕容翰提出的策略是很正确的。北路平坦，看似容易进攻，却是敌方强兵据守的地方；南路险狭，却是敌人最薄弱的地方。用兵之道贵在灵活，慕容翰可以称得上是有勇多谋之士。

乘虚夜渡击翟钊

古之立大事者，不惟有超世之才，亦必有坚忍不拔之志。

——苏轼

东晋孝武帝时期，我国的北方列国林立，战乱不断。翟钊起兵反燕(后燕)，两河地区又燃起了战火。

后燕主慕容垂亲自率大军平叛，连连获胜，翟钊率军败走滑台（今河南滑县)。燕军紧紧追赶，在黎阳津驻扎下来，与翟钊军隔河相峙。

翟钊也在对岸布置重兵，下令步兵枕戈待旦，骑兵不离鞍马，时刻戒备燕军渡河。

一个月以后的一天，慕容垂召集各部将领，下令明天要渡河进攻。手下的将领纷纷劝谏，说翟钊军兵强马壮，在南岸列兵据守，我们不应冒险进军，大家都反对渡河强攻。

慕容垂摸着颏下的花白胡子，微笑着对将领们说：

“我打了大半辈子的仗，难道还怕翟钊这个小子吗?”

接着，口气一转，严肃地对诸将说：

“明天白天全体将士在营中休息，不许露面，随时听候命令。”

第二天太阳快要西下的时候，由几百艘牛皮船组成的燕军舰队，浩浩荡荡沿河西上，船上插满了大小旌旗，最前面的大舰船头站满了全副武装的卫兵，黄伞盖下坐着一人，正是燕王慕容垂，在落日的余晖中威风凛凛。

对岸的翟钊见燕军一天没有动静，很纳闷，一时摸不着头脑。忽然探子前来报告：

“报告王爷，情况不好了。燕军大部队已离开黎阳，沿河西上了。”

“啊！有这样的事？”翟钊大吃一惊。自言自语地说：“怪不得敌军一天都没有动静，原来想从西津偷袭我们，差点中了奸计。”

翟钊当即下令全军整装行动，奔赴西津迎敌。

这是怎么回事？

原来是慕容垂的调虎离山计。前面说过的燕军船队，其实是疑兵，只有几百人，装模作样插满旗帜，布满兵仗，正是为了引翟钊上钩，就连大船船头黄伞盖下的燕王也是假扮的。

转眼间天暗了下来，对岸翟钊军营一片寂静，大部队看来已经走远。所听到的只是水浪拍击岸石的滔滔声。

慕容垂当即下令三军全体出动，立即渡河。休养了一天的燕军士气高昂，精神饱满。在桂林王慕容镇的率领下趁着暮色从黎阳津渡过河去。天亮时燕军已全部抵达南岸，并建起了营地，做好与翟钊决一死战的准备。

再说翟钊急冲冲率军赶到西津，那里连燕军的影子都不见一个。正在疑惑之际，远处有一飞马狂奔而来，到了近前才知是自己的探子，那人急得连话都说不上来。好半天翟钊才知道燕军已渡河占据了自己的营地。翟钊发觉自己又中了计，气得差一点儿从马上掉下来，当即下令回师。

翟钊的军队就这样折腾了一个晚上，人人疲惫不堪。刚回到驻地，忽听四周喊声震天，以逸待劳的燕军从四面包抄过来。翟钊的士兵哪里还敢应战，纷纷丢下武器，撒腿就跑。

这一仗翟钊全军覆没，幸亏自己跑得快才没有被俘虏。

慕容垂黎阳破敌，用疑兵调虎离山，而后乘虚夜渡，避免了一次硬仗，以最小的代价获得了胜利。

尔朱荣扬尘惑敌

人多不足以依赖，要生存只有靠自己。

——拿破仑

北魏末年，在今天的河北一带发生了一次大规模的农民起义。这次起义的领导人叫葛荣。他的部队发展到几十万人，葛荣自称天子，建国号为齐。

公元528年，葛荣率领几十万大军包围了邺县（今河南安阳北），并准备渡黄河进攻洛阳。洛阳是北魏政府的都城。消息传到洛阳之后，引起朝野上下一片恐慌。只有车骑将军尔朱荣上书朝廷，愿意率军去抵抗葛荣大军。

这一年的正月，尔朱荣带了七千骑兵向邺城赶来。尔朱荣是个老谋深算的人，对葛荣的情况了解得很清楚。他对部下说："葛荣的人马虽然比我们多十几倍，但是他们是一群乌合之众，没有统一的号令、严明的军纪。葛荣本人又很骄傲自大，所以要打败他也不是什么难事。"

尔朱荣很了解对方的虚实，而葛荣对对方的情况却几乎一无所知。他听说官军已逼近邺城，骄傲地对部下说："我们自起兵以来一直打胜仗，尔朱荣竟然自不量力敢与我大军抗拒，可笑啊！可笑！你们准备一些绳子，到时好用来绑俘虏！"

葛荣把部队布置在邺城城北几十里的地方，准备与官军决一死战。

尔朱荣并没有指挥部队与葛荣展开正面交锋。而是先派一小股人马悄悄进入山谷中分散埋伏起来。每百人为一处，待命行动。

第二天，尔朱荣率领他的骑兵部队来到阵前。葛荣骑在一匹大白马上，用马鞭指着尔朱荣说：

“就凭你这一点儿人马还想与我大军抗衡？我军只要每人一口唾沫就能把你淹死，我劝你还是趁早投降吧。”

葛荣的话刚说完，忽听官军队伍中鼓声大作，对面山谷中人欢马叫，尘土蔽天，好似千军万马杀奔出来。这原来是尔朱荣布置的疑兵，让他们把树枝绑在马尾巴上，纵马来回奔跑，造成葛荣被重兵所围的气势。

葛荣见了这阵势，心中很迷惑，弄不清官军到底有多少人马，看样子人数也不会太少的。否则尔朱荣也不敢这样有恃无恐地前来叫阵。这样一想，心里竟然害怕起来。他的部队起初也很轻视尔朱荣，没有任何心理准备，到这时反倒畏惧起来，不敢出战。

尔朱荣见时机成熟，把马鞭一指，官军的骑兵像旋风般冲向葛荣阵地。葛荣的阵脚大乱，没有交战便纷纷后退。尔朱荣的骑兵如入无人之境，来回冲杀。每个士兵手中用的是刀，还在马侧挂一根木棒，近身搏战时用棒打，威力比刀还大。尔朱荣的骑兵训练有素，加上纪律严明，号令统一，将士们人人争先以一当十．葛荣的部队人虽多，但也抵挡不住，真如俗话所说的“兵败如山倒”，败兵像潮水般地退去，再也收束不住。尔朱荣率军乘胜追击紧紧不放……

这一仗，葛荣10万人的部队全军覆没，死伤无数，活着的纷纷缴械投降，连葛荣本人也被俘虏。

一个月以后，葛荣被押解到洛阳处死。

这次战役，尔朱荣以少胜多，以弱击强，7000精兵破敌10万，打得非常漂亮。其中的“扬尘鼓噪”是最精彩的一幕。相反，葛荣虽拥有10万兵马，但由于骄傲自大，终于导致全军覆没。

广设食具虚张势

勇气是衡量灵魂大小的标准。

——卡耐基

北魏后期，大臣尔朱荣把持了北魏的军政大权，政治十分黑暗，被压迫蹂躏的各族人民生活在水深火热之中。

不久，蓟县（今北京大兴县）一带爆发了大规模的起义，领袖叫韩楼。起义军声势浩大，扬言要进攻洛阳。消息传来，北魏的达官贵人惊慌失措，惶惶不可终日。但令人惊讶的是尔朱荣并没有派大部队征剿，而是只派大都督侯渊带了700骑兵去镇压。许多人对这个举动不理解，问尔朱荣道："敌人势力那么强大，而您只派700骑兵去征讨，那不是用鸡蛋去碰石头吗？"

尔朱荣听了微微一笑，对那人说："你只知其一，不知其二。如我们派大兵去征剿，敌人知道消息，必然有所防备。现在派小股人马去，行动迅速，可以打他个措手不及。再说我很了解侯渊的为人，很有智谋，能临机应变。但派兵多了，他就不一定能统率得了。"那人听了，点头叹服。

侯渊接受命令之后，立即率领700骑兵向蓟县进发。一路马不停蹄，人不离鞍，很快来到了韩楼控制的境域。在离蓟县一百多里的地方，侯渊采取了东汉虞诩的"增灶进兵"之计，添置了许多灶和其他生活用品，临走时又故意留下了锅、碗等餐具。行军也多半选择在夜晚进行。这一番虚张声势的工作，果然令对方虚实难测。韩楼的侦察人员回去报告说尔朱荣已派出大部队前来征剿，看样子来势凶猛。消息不胫而走，很快传遍全城，韩楼军人心浮动，都很害怕。

一天晚上，侯渊的几百骑兵与韩楼部将陈周率领的1万多名马步军发生了遭遇战。侯渊发动突然袭击，亲率马队冲入韩军。本来就对官军有恐惧感的韩楼兵一下子乱了阵脚，几乎没有做什么抵抗，便纷纷缴械投降，侯渊以几百骑兵击溃了对方1万多人的部队，还生擒5000人，首战告捷。

如何处理这些俘虏是一个很棘手的问题。自己只有七百人很难控制这大批俘虏，他担心一旦让他们知道自己的虚实，反过来抵抗的话，那后果不堪设想。侯渊沉思了一会儿，决定还给他们武器和马匹，放他们回蓟县去。

部下对他的这种做法十分不满，认为好不容易歼灭了一部分，再放回去岂不是放虎归山，增强了敌人的实力？

侯渊向大家解释说："这一仗我们只是靠计谋获胜的。敌人不知我方虚实，因此怯战。我们只700人带上这些俘虏是个累赘，不如放他们回去。我知道韩楼是个猜疑心很重的人，对这些人不会放心。我们可悄悄地跟在他们后面直奔蓟城，到时可有好戏看了。"

这些俘虏如丧家犬一样急急忙忙赶回蓟城，韩楼问明情况后放他们进城了。不多一会儿，城外鼓声大作，韩楼登城一看，侯渊率军已兵临城下，在暮色里看得不很分明，只见黑压压一片，像是马上要攻城的样子．韩楼这一惊可不小，脑中马上想起了这样一个问题：为什么这些被俘人员前脚刚到，后面的官军也到？为什么侯渊还给他们马匹武器？莫非这些人是来做内应的？他越想越觉得自己的判断是正确的，不由得惊出了一身冷汗，很后悔把这些人放进城来。事到临头后悔也没用，还是早做打算趁城未被攻破逃命去吧。于是，他只带了几个亲信弃城而逃。但没逃多远被侯渊追兵擒获，蓟城也被侯渊攻占。

侯渊击韩楼的蓟城之战，是一次以少胜多、以弱击强的漂亮战。尔朱荣可算是知人善任，侯渊的700骑兵，在他"广张军声，多设食具"的策略运用下，抵得上千军万马。他的胆识与智谋略，在此役中得到了很好的体现。

闭门藏旗守台省

不降其志，不辱其身。

——《论语·微子》

南梁末年，朝廷发生内乱。大臣陈霸先杀了大司马王僧辩，王僧辩的弟弟王僧智这时正担任吴郡（今苏州）太守，听说哥哥被杀后便起兵反陈。陈霸先率领部队东征，留高州刺史侯安都、石州刺史杜棱守卫建康（今江苏南京）。

王僧辩的外甥徐嗣先见建康空虚，便策动他的同族兄弟徐嗣徽反梁投齐。徐嗣徽约定南豫州刺史任约率领精兵5000人偷袭建康。两支叛军很快攻占了石头城，前锋进到台省（宫阙）下。

在叛军的猛烈进攻下，台省岌岌可危。

这时，朝内乱成一片。多数文职官员主张开城投降，一些贪生怕死的武官也纷纷附和。只有负责台守的侯安都坚决反对。他很严肃地对大家说：

“台省是国家的根本重地，献城意味着亡国。各位都是社稷重臣，难道还不明白这个道理吗？请大家不要计较个人得失，以大局为重，坚守到底！”

众人听了都羞愧地低下了头，默默而退。

侯安都见叛军兵临城下，一切部署工作都来不及进行了，心里焦虑万分，情急之中，他忽然想出一条妙计。

他传令各部守城官兵不许出战，立即紧闭城门，藏起军旗。还下了一道严令：不许登上城头观看，违反军令者，格杀勿论！

一时间，整个台城一片寂静，静得好像根本没有人存在似的。

这异常的现象，反而使得叛军惊疑不定，不敢冒险攻城了。徐嗣徽对任约说：

“城内悄无声息，这是很反常的现象。莫不是对方已有了防备，才故意装出这副样子引我们上钩的？我们可不能中了敌人的诡计。”

任约也表示同意他的看法，说：“现在天已快黑了，敌人的情况不明，还是待天明以后再采取行动吧。”

于是，叛军又都退回驻地。

侯安都见敌军退去后才松了口气，他料定天亮后叛军必将会卷土重来。于是连夜调兵遣将，布置了防守工作。

第二天天刚亮，果然不出所料，叛军又来到城下。还没等他们摆开阵势，忽然听得城内鼓声大作，从东西二门杀出两支人马，来势十分勇猛。叛军突遭袭击，猝不及防，阵脚大乱，几乎没怎么交战，便大败而去。

11 月，北齐派出援军准备渡过长江，支援石头城的叛军。但这时在外出征的陈霸先已结束战事，听说京城危急，连忙卷甲束旗秘密回到建康，派出水军在长江中游击溃北齐援军，烧毁敌船 1000 多艘，大获全胜。

陈霸先见反击的时机已经成熟，又命侯安都攻袭秦郡，大破徐嗣徽水寨。他还拘捕了徐的家属，并在徐的居室中得到了他平日所弹的琵琶和心爱的一只鹰。他令人把这些东西派人送到徐处，同时附上一封信。信上这样写道：“昨日在老弟处获得这些东西，今日全部奉还。”

徐嗣徽见了这些东西，知道自己的家室已经完了，心中悲恐万分。

过了几天，梁军开始大反击，用重兵包围了石头城。当时城内严重缺水，一升水价值是一匹绢，许多人死于饥渴之中。齐军眼看支持不住了，便派使者来到陈霸先军中求和，陈霸先同意了。

这次建康保卫战，在敌众我寡的情况下侯安都采取了“闭门藏旗”的策略，麻痹了敌人。敌方因不知城内虚实竟不战自退，为守军赢得了备战的宝贵时间。这一战的“闭门藏旗”又是一曲精彩的“空城计”，让人拍案叫绝。

李世民疑兵退敌

志不强者智不达。

——墨子

隋朝大业十一年8月，从雁门关传来警报：大隋天子隋炀帝被突厥兵围困在雁门关。皇帝下诏书立即停止进攻高丽，并号召附近州县火速赶往雁门救驾。

在这次救援雁门关的队伍中，有一位16岁的英武少年，他就是后来的唐太宗李世民。

几天后，从各地赶来救驾的兵马陆陆续续来到雁门。但形势依然严峻，雁门郡41城，其中39城被突厥攻占，只剩雁门和崞县两座孤城还在隋军手里。雁门城墙残破不堪，只好临时拆除民房修筑防御工事。当时城中军民有15万人，所储存的粮食也只能供应15天，尤其令人担心的是，突厥始毕可汗几次下令攻城，箭如雨下一样直射到隋炀帝的脚下，吓得隋炀帝抱着心爱的儿子痛哭流涕。进攻虽说被打退了，但过不了多久突厥兵又会卷土重来。

一天，担任雁门保卫战的总指挥——屯卫将军云定兴召开紧急军事会议，商议如何退敌。各路将领纷纷发言，各抒己见。这时，年轻的李世民也站了起来侃侃而谈，他说：

“这次突厥动用他们的全部力量进攻雁门，是以为我隋朝没有防备。看样子他们不会长久，我们只要坚守城池，拖住他们……”

他的话还没有说完，立即招来一片批评声。有人责问道：

“现在的形势多么危急，即使有援军赶来也是远水不解近渴。况且，城里的粮食也没有几天可吃了，我们还能守多久？”

李世民不顾大家的责难，依然心平气和地说：

“正因为形势危急，我们才需要开动脑筋，用计谋击退敌人。兵法上说‘疑敌制胜’，我们不妨‘示实掩虚’，制造假象让突厥误以为我们的援军到了，准备反攻。突厥必然会中计退去，这样一来，雁门之围不就解除了？”

他终于说服了大家，最后采纳了他的建议。

突厥的始毕可汗攻了几次城都被击退，坐在营中生闷气。忽然，一个小探子进来报告说：

“大汗，汉军大部队开来增援了。”

“什么？再说一遍。”

“汉军大队人马到了，有几十里长呢。”

始毕可汗听了这个消息，心里大为吃惊。“要是来了大部队，这雁门可不容易攻了。”他自言自语地说。

晚上，他在几个亲兵的护卫下，偷偷地来到雁门城下察看城内动静。只听得城内鼓声震天，久久不绝，好像是在操练兵马。他心里忽然想道：“说不定汉军要反攻呢？这如何是好啊？”

其实，隋军的援军根本没有到来，这一切都是李世民的疑兵计。他故意做出的假象，果然使始毕可汗进退两难。如果继续围攻，怕久攻不下，撤兵回去，又心有不甘。正在犹豫之际，接到了后方的急报说北边告急。原来是隋炀帝派使者求救于远嫁在突厥的义成公主，让她假传警报的。突厥始毕可汗感到大事不妙，忙下令撤兵。

就这样，突厥兵围困雁门十多天之后全部撤了回去，雁门之围解除了。

在突厥兵围困、敌众我寡的紧急关头，李世民提出了“疑兵退敌”的策略，的确很高明。智慧与勇气并存，胆略与正气常在，那么“勇”而并非莽，“敢”而未必闯的人，则更值得敬佩。

攻其必救讨田悦

> 时穷节乃见，一一垂丹青。
>
> ——文天祥《正气歌》

强大的唐王朝经过安史之乱后日趋走向衰落。一些节度使控制着自己辖区的军政大权，如同一个个独立王国不听朝廷号令。

唐德宗时期，魏博节度使田承嗣死了，他的儿子田悦要求继承父职，遭到政府的拒绝。于是，田悦公然起兵反叛。

朝廷接到田悦反叛的报告后，命令河东节度使马燧率军平叛。

叛军极其残暴，所到之处烧杀掳掠，广大人民非常痛恨。因此，在官军的进剿下节节败退，眼看就要一败涂地。田悦的谋士唆使他勾结另外两个节度使的儿子李纳、李惟岳共同谋反。三支叛军合在一块，共同对付官军。田悦军居中，李纳军驻东，李惟岳军驻西，首尾相连，大有向官军反扑一击的架势。

这时，马燧也率领各路官军进军到漳水北岸，准备与敌决一死战。

田悦见官军来势凶猛，便派部将王光修筑工事，据守漳水长桥，想阻止官军过河。

两军相持了一些日子，官军没有什么进展，而所带的粮食已快吃完，朝廷又多次催促进军，这可愁坏了马燧。他寝食不安，苦苦思虑着破敌之计。一天晚上，他在营中读书，当读到历史上孙膑“围魏救赵”一节时，大受启发，顿时有了主意。

第二天，官军把几百辆装满土包的车子推进了河中，塞住了上流的水。然后部队在浅水处渡过河去，推进到仓口一带，与叛军隔洹水相峙。

马燧的部将对此很不理解，他说："粮少则利于速战。善用兵者，致人而不致于人。也就是说，诱敌人出战，以便在战斗中消灭他。要诱敌出战，最好的办法是去进攻他的老巢魏州，田悦知道后必定会回救的，到时就可以破敌了。"

马燧听了，十分赞同，于是命令在洹水上建造了三座浮桥，每天都派人向田悦挑战。田悦仍是坚守不出，暗中却部署了1万精兵等待时机出击。

一天晚上，马燧传下命令，半夜开饭，饭后各路大军直奔魏州。他又嘱咐各位将领说：

"如果见敌人紧紧尾追来的话，部队立即停止前进，在原地列阵破敌。"

马燧留下小股人马留在营中击鼓鸣角，又命令一部分人准备好引火之物，埋伏在桥的附近，待叛军过桥之后焚毁浮桥，切断敌人的退路。

田悦得知官军大部队已向魏州进发了，惊慌得不得了，马上率领部队过桥追去。

官军见田悦的三支乌合之众已经追来，诱敌出战的目的已经达到。于是，按原计划停止前进，迅速摆开阵势，列好阵脚，等待叛军追近前来。

不一会儿，田悦率领三军气喘吁吁地赶到了。

马燧把令旗一挥，精选的5000勇士立即出阵，旋风般地冲向敌阵。田悦的叛军还没有喘过气来，却遭到了突然袭击，顿时队伍乱了阵，再也约束不住。马燧见时机已经成熟，出动大军发起了攻击。田悦的叛军溃不成军，败兵像潮水般地退去。他们退到洹水边一看，原来的三座浮桥大火熊熊，已被焚毁。叛军叫苦连天，陷入了走投无路的境地，前有大河阻挡，后有追兵赶来。叛军被逼进河中溺死的不计其数。

这一战叛军被杀死2万人，被俘虏3000人，田悦本人只带了少数亲随狼狈地逃回魏州。

马燧征讨田悦的这一战，成功之处在于采取了孙膑创造的"攻其必救"策略。虽然所处的时代不同，但最后所取得胜利的结果却是一样的。

满城尽是黄金甲

自信与骄傲有异；自信者常沉着，而骄傲者常浮扬。

——梁启超

待到秋来九月八，我花开后百花杀。

冲天香阵透长安，满城尽是黄金甲

这一首豪气冲云霄的《咏菊花》诗作者就是唐末农民起义的领袖黄巢。

黄巢起义后开始活动于北方，而北方正是唐朝统治力量雄厚的地区，不利于发展壮大。黄巢决定突入到唐朝军事部署相对薄弱的江南地区。

为了迷惑敌人，黄巢首先指挥部队向北进发，攻下沂州，接着又打下考城、濮城，队伍发展到10万人。朝廷摸不清黄巢的真实意图，以为他下一步进攻的目标是扬州。因此，连忙调集兵马去阻击起义军。

谁知黄巢虚晃一枪之后，又带领大军向西进发，矛头直指洛阳。洛阳是唐朝的东都，这可不得了。朝廷又急忙征调河阳、昭义、宣武三镇兵马增援洛阳，又命令驻荆、襄一带的唐军日夜兼程来保卫洛阳。

朝廷的兴师动众，正好中了黄巢的调虎离山计。官军一离开长江流域，黄巢军乘虚抢渡长江。几十万人安然飞渡长江天堑，来到了江西，使官军的围追堵截又一次失败，连呼“上当”。

在江西战场，起义军旗开得胜，接连攻下虔州、吉州、饶州、信州等军事重镇，接着，又绕过宣州，进人浙江境内。

起义军在浙西战场先攻下杭州，又经杭州转攻浙东，攻占了浙东首府越州（今浙江绍兴）。起义军所向披靡，所到之处，地方官吏纷纷投降。

起义军在两浙的重大胜利，引起唐王朝的极大恐慌。因为这一带是天下财富的集中地，也是唐朝赋税的重要来源地。唐朝廷急忙调荆南节度使高骈进浙江对付黄巢。

高骈是唐代末期的一位名将，曾经长期同羌人和南诏作战，富有作战经验。他所率领的部队战斗力很强，进浙江后连连获胜。

黄巢在形势极为不利的情况下，没有同敌人硬拼，而是向敌人力量较为薄弱的福建进军。起义军以坚强的意志和惊人的毅力，劈荆斩棘开山道700里进入福建境内。这是古今中外军事史上极为少见的壮举。

黄巢军的突然出现，使福建的唐军闻风丧胆。起义军一举攻下防守薄弱的福州，接着又出兵攻打闽江流域的各州县，各地官员纷纷逃亡。福建境内大部分州县都在黄巢的控制之下。

转眼又是一年的春天到来了，黄巢决定继续向南进军，把矛头指向了两广地区。

起义军一路势如破竹，乘虚攻克泉州、漳州，进入潮州。接着一鼓作气兵临广州城下，重兵包围了这个岭南东道的首府。

广州防卫空虚，朝廷想救援也来不及。在起义军的猛烈攻击下，府城被攻破。广州节度使李迢也被俘处死。之后，义军又西进广西，攻下桂林。岭南东西两道几千里之地都在黄巢的控制之下。

黄巢在北方的黄河流域打不开局面的情况下，转而进军长江流域、珠江流域，跋涉几千里，取得了一系列重大胜利。黄巢一直保持着战略主动地位，队伍也发展到几十万人，为以后的北伐、夺取二京奠定了基础。

示实掩虚退辽师

勇敢则是与深思和决断为伍的。

——俞吾金

宋太宗初年，为了收复五代时失去的幽云十六州，发动三路大军进攻辽国。可不幸的是东路和中路大军先后被辽军击溃，西路军孤军深入，形势也很不利。

辽军在取得重大胜利之后，分兵两路自胡谷南下，进逼代州（山西今县）。当时代州的防卫力量十分薄弱，只有神卫都校（官名）马正率部据守南门，副部署卢汉赞却畏敌如虎，不敢出战。

这时，张齐贤正担任代州知州，看到情况危急，当即选拔了2000名精壮厢兵充实到马正军的右翼。张齐贤还发表了慷慨激昂的动员令，将士们听了都很感动，纷纷表示愿意为国效命。代州军奋力反击，打退了辽军的进攻。

辽兵虽然退去，但代州的形势仍然十分危急。张齐贤急忙派使者到并州，向西路军主帅潘美求救，请他赶快来增援代州。潘美得知代州危急的消息也很着急，当即同意发兵，并约定了具体行动的日期。

但是，不巧的是使者在回来的途中被辽军俘获。辽军从使者口中知道了并州出兵的日期、路线等情况，并做了相应的安排。

张齐贤听说使者被辽军扣留，军情已被泄露的消息后，急得不得了，连饭也吃不下去，心里担心并州的宋军按期出发，万一中途遭辽军伏击，这可怎么办？要是派人去并州报讯，时间也不允许了。

过了几天，接到报告说并州的使者到了。张齐贤急忙召见了来使。使者说：

“我们主帅接到您的告急文书后，当即率领部队前来增援。部队开到柏井时，忽然接到朝廷的密令，说鉴于东、中两路军出师不利，为了保存力量，不许并州宋军擅自出战。我们潘帅只好率军回并州了，这里的一切事情请您见机处理吧。”张齐贤听了，心中的一块石头总算落了地，不用为军情泄露的事担心了。但新的忧虑又产生了，并州宋军的撤回意味着外界的援军已经断绝，只好靠自己的力量守卫孤城了。敌我力量是如此的悬殊，看来只能用智谋取胜了。

张齐贤想：辽军只知道并州军已经开来，却不知道已经回去，何不将计就计？于是，他当机立断做出决定把使者留在密室里，以便消息不至于外泄。当天晚上，派出200精干的士兵，每人手持一面旗帜，背上一束干柴，秘密地来到距州城西南30里处，插满了旗帜，燃起了干柴，并故意大声喧哗。与此同时，张齐贤还派步卒2000设伏于辽军后侧的土磴寨要地。

正准备攻城的辽军在夜幕里发现西南处火光冲天，火光中又闪现着不少旌旗，看样子是并州的宋军已经开到。辽军统帅因事情来得突然，不知对方虚实，慌忙引军向北撤退。当退军到土磴寨时，事先埋伏在那里的代州兵突然冲杀出来，辽军吓得不敢恋战，纷纷溃去。

这一仗宋军取得了重大胜利，活捉辽北大王之子一人，帐前舍利一人，斩首数百级，缴获马匹2000匹及其他军用物资无数，成功地挫败了辽军的攻势，代州之围也由此而解。

张齐贤孤军守代州之战，是个引人深思又有借鉴意义的战例。在紧急关头镇定自若，以其神勇威慑敌人，挫敌锐气，抓住时机大胆出击，取得了战役的最后胜利。

卑而骄之破李成

> 不是一番寒彻骨，怎得梅花扑鼻香。
>
> ——黄蘖禅师

南宋初年，有一支土匪部队不但不抗金，反而与伪齐刘豫政府勾勾搭搭，破坏抗金活动，他们的头目叫李成。朝廷决心剿灭这支土匪部队，任命张俊为江南路招讨使，负责征讨。

李成的军队所到之处，州县官吏纷纷投降。李威部将马进围攻江州（今江西九江），城内粮食吃尽，出现了“人吃人”的惨剧。江州守将弃城逃跑，江州因此失陷。接着李成又派马进攻占筠州（今江西高安县），气焰十分嚣张。

张俊在洪州（今江西南昌）汇集各路官军后，派人去侦察敌人的动向。密探回来报告说：“敌军短期内不会有什么行动。”

张俊沉思良久，毅然下令：“把精锐部队全部埋伏在城里不许露面，不许击鼓鸣金。所有将士不准登城窥敌，违令者，斩!”

就这样，张俊的部队在城里偃旗息鼓了一个多月，丝毫没有出战的迹象。

马进等了一个多月，看官军还没有反应，以为官军怯战，于是率领大部队气势汹汹直逼洪州城下。马进还派人送来挑战书，要求官军3天内弃城投降，否则决一死战，口气十分狂妄。

张俊接到战书以后，当着来使的面写了一封回书，写时故意两手发抖，字也写得很小。

使者回去以后向马进叙述了张俊的情况，马进展开回书一看，见语气卑下，字迹细小，张开大嘴哈哈大笑，对旁边人说：

“张俊的名头很响，原来胆子这般小，竟被我下的战书吓破了胆。”

自此以后马进放松了戒备，整天与手下人喝酒取乐，不过问军事。

张俊得知敌人开始懈怠了，便与各位将领商议如何破敌。名将岳飞自告奋勇担任先锋。张俊便命令他与另一位将领杨沂中由赣江上游的生未渡渡江，对敌人发起攻击。叛军毫无准备，一触即溃，有的还没睡醒，就成了俘虏。

宋军初战告捷，并乘胜反攻，一直追到筠州城下。

第二天，张俊也率大军赶到筠州。马进见官军来势凶猛，便出动了所有的人马，背靠筠水扎下营寨，决定与官军决一死战。

张俊的谋士建议说：“敌众我寡，不能硬拼，应该智取。”张俊接受了这个建议，派杨沂中等率领骑兵，分两路从山后包抄迂回，自己亲率步兵与敌正面交战。

第三天，两军对阵。张俊指挥步兵与敌人交战，战斗十分激烈，从早上一直打到中午，天昏地暗，难分胜负。这时，忽然从山后冲出两支骑兵，势不可当，马进的阵脚顿时被冲乱，纷纷败退，官军大获全胜。

马进在筠州失败以后，准备逃往江州投奔李成大军。而这时李成已回江北的蕲州。马进马不停蹄，逃到江州。刚到江州，张俊率军也尾随追到，马进又匆匆逃奔蕲州，江州被官军收复。

张俊等人的部队在江州作了休整，准备了充足的粮草之后又渡江追击李成。双方的军队在黄梅发生遭遇战。李成军抢先占据了有利地形，居高临下发起攻击，官军失利，张俊引军后退，扎下营帐。

关键时刻张俊想出一条破敌之计，他派一部疑兵忽进忽退，假装作正面进攻，自己却亲率大军从别路攻人敌人腹地。待李成发觉时已经迟了。李成军抵挡不住，纷纷散去。马进被击毙，李成逃奔伪齐。

张俊征讨游寇李成，收复筠、江二州的战役，灵活地运用了谋略。张俊开始假装虚弱来麻痹敌人，等敌人战备松懈时出其不意地发起攻击，先后收复筠州、江州，击溃李成匪军。张俊后来充当秦桧帮凶，陷害岳飞，被后人唾骂。但在这两次战斗中所表现出的高超的军事指挥艺术是可取的，值得后人借鉴。

以疑制敌平叛乱

莫等闲，白了少年头，空悲切。

——岳飞《满江红》

元世祖忽必烈至元年间，东北宗王乃颜发动叛乱，公然与元朝政府决裂，另一位宗王诺延也准备起兵响应，乃颜还企图联合西北的宗王海都从东西两线夹击忽必烈。

元世祖及时识破了叛军的意图，先派军队占据了漠北要地，阻止海都出兵；又通令官员禁止与乃颜往来；接着派人说服了诺延等宗王与乃颜断绝关系，在政治、军事上彻底孤立了乃颜叛军。

这一切准备工作完成后，忽必烈亲自率军征讨乃颜，高丽国王也派兵从征。

这一年的6月，忽必烈的军队到达撒儿都鲁，乃颜率6万叛军迎战。

当时，军中担任前锋的是蒙古兵。很多将校与叛军关系很好，有的是过去的亲戚故旧。交战时谁也不愿向前，有的人甚至在阵前叙起家常来了。

忽必烈对此情况感到很忧虑。谋士叶李献计说："陛下用这些人打仗，只不过是白白浪费了陛下的粮饷罢了，请换用汉军出战。"

忽必烈便命左丞相李庭指挥汉军步兵担任前锋，蒙古骑兵在后面督战。战斗中汉军士兵奋力冲杀，频频告捷。

几天之后，情况发生了变化，乃颜的一部叛军在塔布岱率领下悄悄地逼近到忽必烈的驻地，他们号称有10万人。这时，忽必烈想要调集大军也来不及，敌众我寡，只好坚守不出。叛军每天都来挑战，双方相持了数日。

一天，忽必烈对左右的将领说："这样拖下去恐怕不是好办法，你们谁有计策可打破眼前的困境？"

随征的司农卿特尔格沉思了一会儿，说："臣有一计可以退敌。"

"什么妙计？快说出来！"

"哎……事关机密，请陛下屏退左右。"

忽必烈挥了挥手，几个随从退出了营帐。特尔格放低了声音……

第二天，两军对阵，只见元军阵中有一顶很醒目的大盖黄伞，伞下一人手持金杯在喝酒。这人便是忽必烈。手下群臣从特尔格以下纷纷向忽必烈敬酒。君臣谈笑风生，好像不是在阵前，而是在大都的宫殿里一样悠闲自得。

塔布岱见了，心里顿生疑团，不敢轻易进兵，慌忙派人去报告乃颜。乃颜很害怕，以为忽必烈这样安闲，肯定有什么名堂。难道是来了援军，不然怎敢这样大模大样地喝酒，一点儿也不把我们放在眼里？乃颜的心中七上八下，想来想去，觉得还是退兵为好。

实际上，忽必烈的援军根本没有到，这是特尔格的疑兵计，果然使多疑的乃颜上当中计。

李庭对忽必烈说：

"叛军见陛下如此安闲，心里一定很害怕，以为我们来了大量增援部队。他们是一群乌合之众，军心已乱，我们今晚可以发起攻击。"忽必烈点头赞同。

当天晚上李庭带领了几十名勇士，手持火器偷偷地混入敌军阵地，放起火来。霎时火光冲天。叛军以为元军大举反攻了，纷纷溃逃。忽必烈指挥汉军步兵和蒙古骑兵四面围击，叛军被一网打尽，连乃颜本人也被擒住。乃颜的叛乱终被平息。

忽必烈可谓强将手下无弱兵，李庭的勇与谋使得元军轻松取胜，大胜叛军。

疑帜惑敌取大理

人生自古谁无死，留取丹心照汗青。

——文天祥《过零丁洋》

明朝建国后，占据云南的原元朝梁王巴匝制瓦尔密不肯归顺，继续与明政府为敌。明太祖朱元璋以傅友德为征南将军，蓝玉、沐英为左右副将军，率领步骑兵30万南征云南。

明军出湖广后分兵两路，一路经四川攻贵州，主力部队则直趋云南。梁王听说明军大部队即将来犯，也派平章达里麻率领10万大军进驻云南的东门户——曲靖。

明军利用大雾天气，迅速奔向曲靖东北面的白石江。雾散以后，两军隔江相望，达里麻才知明军已到，不禁大惊失色。

明军主帅傅友德想立即组织部队渡过江去，向元军发起攻击。但副将军沐英却不同意这种打法，他对傅友德说："现在大雾已经消失，敌人也已知我军到来，一定是有了防备。如果强行渡江，恐怕要付出很大的代价。再说，我军初到，人马疲乏，也不宜立即渡江。"

傅友德听了，觉得他说得有些道理，便问："依副将军的意思，我们该怎么办才好？”

沐英沉思了一会儿，然后说：“我看大部队在这里不动，先假装出一副要渡江的样子，以便吸引敌人。可另外派一部分人马到下游偷偷渡过江去，那里肯定没有设防。渡江以后，立即穿插到敌人的后侧，在山上树起旗帜，吹响铜号，扰乱敌人的部署。到那时再渡江，就可以取得成功了。”

傅友德采纳了沐英的建议，分派一支人马从下游渡过江去。果然没有引起元军的注意。

这支部队渡江以后，立即穿插到了敌人的后方。他们在四面的山头上树起了明军的大旗，每人吹响了随身所带的铜号。

这时元军正全力以赴防备对岸的进攻，忽然听到背后鼓号声震天动地，见到山谷里到处是明军的旗帜。顿时军心动摇，乱了阵脚。

江对面的沐英见敌人的阵脚已乱，立即挑选了一批水性好的勇士先过江，手拿长刀冲向敌军阵中，元军抵挡不住，纷纷向后退去。

沐英见渡江的时机已到，当即指挥大军乘虚强渡。渡江以后又出动步军、骑兵冲杀过去，元军死伤累累。这一仗歼灭敌人 10 万，活捉了元军主帅达里麻以下 2 万多人。

明军占领曲靖以后，又攻克了昆明。梁王走投无路，只好自杀。附近各州县的元朝官吏见大势已去，纷纷投降了明朝，只有大理城的敌人仍然不肯投降。

大理城东临洱海，西靠点苍山，有龙首、龙尾两个关卡。关卡很坚固，是过去南诏时代修筑的，由大理土酋段世据守。段世很傲慢，夸下海口说明军再强大也攻不进大理的。

明军又采用了前次攻打曲靖的战略，先派一支部队假装进攻上关，以吸引敌人的注意力。沐英则亲率主力部队直逼下关。

沐英到达下关后，派勇将胡海占据了点苍山，然后又在山上布满了明军的旗帜。

大理军见点苍山上到处插满了明军的旗帜，急忙报告段世。段世看了之后，心里也害怕起来，正想派人去侦察，这时忽然传来明军大部队攻关的警报。

段世来到墙头一看，吓傻了眼，见明军主将沐英一马当先杀进关来。明军士兵勇猛无比，大理军远远不是对手，死伤惨重，活着的人也纷纷逃命去了。段世吓得魂不附体，想要跑也没逃成，结果被活捉。

接着，明军又打了几仗，终于平定了云南。从此，云南归入了大明版图之中。

明军平定云南，最关键的是曲靖、大理两次战役。有趣的是这两次战役，明军都运用了“疑帜惑敌”的计策，而且全都取得了成功。

抗倭英雄“戚老虎”

马革裹尸当自誓，娥眉伐性休重说。

——辛弃疾《满江红》

戚继光是明朝时期有名的抗倭英雄。提起他的名字，就连当年那些最凶恶的倭寇，都吓得发抖，称他为“戚老虎”。

戚继光出生于山东登州（今山东蓬莱县）的一个将门家庭。他从小喜欢读书，很仰慕书中的英雄人物，希望长大后能为国家做一番大事业。

机会终于来了，在他 27 岁那一年，朝廷把他由登州卫指挥签事（下级军官）调到浙江当参将，指挥军民抗击倭寇。

倭寇是我国人民对日本海盗的称呼。这些海盗经常结伙乘船来到我国的东南沿海，假装做生意，实际上是公开抢夺财物，杀人放火，强奸妇女，无恶不作。浙江、福建、广东一带的人民对他们恨得直咬牙，可又没有办法。

戚继光上任后，训练军队，侦察敌情，打了几个大胜仗，把倭寇赶出了浙江。

倭寇在浙江失败后又窜入福建。

戚继光又带领“浙江兵”进福建剿倭。他了解到牛田是倭巢，与附近的杞店、西林等据点结为一体，互相呼应，很难攻打。他为这件事苦心积虑，但一时又想不出好办法来。

一天，有人进来向他报告说有许多倭寇的奸细混了进来，要不要把他们抓起来？戚继光一听，马上想出一计，连声说：“放他们进来，千万不要去抓人。”手下人大为惊讶，呆呆地望着主帅不明白什么道理。戚继光在他耳边轻声说了一阵，那人才明白过来，连声说：“好！我马上去布置。”便走出了戚继光的营帐。

倭寇的奸细鬼鬼祟祟到处闲逛来打探戚家军的动向，忽然在一个士兵的营房背后听到有几个人在悄声说话。

“我们大老远从浙江赶来，天天行军把人累得够呛，休息一个月还怕恢复不过来。”

“是啊，在浙江好好的为什么又让我们来福建这鬼地方打仗，真有些不愿意。”

“离开家已有好几个月了，不知家里爸爸妈妈情况怎么样了，真想家啊！”

倭寇的奸细听了这些话如同捡了宝贝一样高兴，断定戚继光的部队军心不稳，戚继光近来似乎不会有什么行动，一定要休整一下部队。倭寇头目得到奸细的上述报告后，信以为真，放松了戒备。

戚继光趁倭寇放松警惕的机会，在9月底的一个晚上带领戚家军直扑敌人守备空虚的杞店，将倭寇团团围住。倭寇做梦也想不到戚家军来势会这么迅速。当时半夜，整个倭营一片寂静，倭寇都进入了梦乡。戚家军冲进倭营手起刀落，许多倭寇还没有醒过来就糊里糊涂地做了刀下鬼；有些比较机警的从梦中惊醒后，急忙拿起武器抵抗，但也敌不过英勇的戚家军，倭寇死伤累累。戚继光下令四下放起火。霎时间，倭营中火光冲天，这些平日里为所欲为的倭寇大都成了火中之鬼。

牛田的倭寇见杞店方向火光冲天，知道形势不好，但也不敢出来救援，全都龟缩着祈祷老天保佑。戚继光指挥三军乘胜直捣牛田倭巢，歼灭倭寇几千人，缴获了不少武器，还救出了被掳的百姓1000多人。

少数漏网的倭寇残兵败将逃到兴化。戚家军连夜追击，攻破60多营，杀死倭寇几千人。天亮战斗结束时，兴化百姓才知道这次大捷，奔走相告称戚家军为神兵。

从此以后倭寇元气大伤，不久即被肃清，百姓从此才得以安居乐业。

李自成佯渡诱敌

立志在坚不在锐，成功在久不在速。

——张孝祥

明末农民起义军领袖李自成很会用兵打仗。他在指挥作战时，虚虚实实，变幻莫测。项城、襄城两次大捷就是很好的战例。

李自成的大军攻占洛阳后又继续东进，攻打河南另一个重镇开封。明朝政府惊慌失措，急忙调新上任的陕西总督傅宗龙带兵出关，在新蔡与保定总督杨文岳会合，准备渡黄河北往项城。

这时，李自成在洪河上游正准备西进攻打汝宁。得知了明军的动向后，他决定用“声东击西”的计策，歼灭这两股明军。

于是，李自成挑选了一支精兵埋伏在河东面的树林之中。为了迷惑敌人，引敌人上钩，同时又派人故意在河上架设浮桥，装出要西进的样子。

傅宗龙和杨文岳不明白李自成的真实意图，以为李自成西进是要逃跑。两人立功心切，决定立即带领部队追击。

明军的两路人马气喘吁吁地行进到李自成的伏兵处，已经累得精疲力竭，肚子也饿得要命。

这时，有人高声叫了一声：

“哟，前面有好大一片树林子，我们喝口水，吃点东西后再赶路吧。”

傅宗龙和杨文岳本来不准备停下来休息的，看到部队实在是太累了，也只好同意暂时歇息一下。

明军正准备坐下来喝水、吃东西时，突然间，李自成的伏兵四起，喊杀声震天动地。

“活捉傅宗龙！”

“活捉杨文岳！”

这突如其来的喊杀声使傅、杨二人吓得魂不附体，在亲兵的扶持下骑上马没命地逃跑。由于惊慌，途中几次差点儿摔下马来。逃到了火烧店后，各自检查了一下本部人马，损失过半。两人懊悔不迭，不但没有立功，反而折了许多人马，不知该如何向上交待。

当天晚上，杨文岳带领少数残兵突围而去，而傅宗龙部却被李自成大军包围。

第二天早上，傅宗龙率领残兵败将6000人再度突围遭到失败。傅宗龙部全军覆没，傅宗龙本人也被击毙。

李自成取得项城大捷后，又一次包围开封。

明朝政府听说开封又一次被围困，当即命令新继任的陕西总督汪乔年率领3万陕兵出潼关解围。汪乔年进驻襄城，明军另一部左良玉驻郾城，妄图前后夹击李自成农民军。

李自成冷静地分析了敌我形势，认为郾城的左良玉还有一定的实力不宜强攻；而襄城的汪乔年从陕西远来，部队疲劳，相对薄弱正好是个突破口。

于是，李自成派出一支人马虚张声势进攻郾城，而主力部队却迅速包围了襄城。左良玉龟缩在郾城，不敢出兵救援。襄城的明军孤立无援，完全陷入了绝境。

李自成发起了襄城攻击战，不用传统的攻城法，而是命令士兵先在城墙上打洞，开始仅仅能容纳一人，后来扩大到容纳几十人。城墙上挖了许多洞，每三五步留一大土柱，系上大绳子几万人同时用力一拉，土柱倒则城墙也崩塌。用这种方法攻城很有效。陕西总督汪乔年在拒守15天之后，襄城被攻破，他也没有逃脱死亡对他的召唤。

襄城大捷以后，李自成又乘胜攻陷南阳、邓州等 14 城，并第三次包围了开封。李自成的“勇”与“谋”得到了很好的体现。

抗英军虽败犹荣

一个勇士的成功常常会激励一代人的勤勉和勇敢。

——茨威格

第一次鸦片战争期间，英国侵略者凭借着他们的先进武器，先后攻陷厦门、定海、上海。接着他们又出动军舰 70 多艘、士兵 7000 多人沿长江西犯，威逼南京的门户——镇江。

当时，镇江的防卫力量十分薄弱。城外各地只有浙江参赞大臣齐慎、湖北提督刘允孝各率 2000 人驻守。城内只有海龄率领的旗兵 1000 人，青州兵 600 人防守。城防武器也仅有土炮 20 多门。敌我双方的力量对比是这样的悬殊。

1840 年 7 月 15 日，英军开始发动进攻。战斗首先在城外的焦山一带打响，海龄亲自率领蒙古族精兵坚守焦山。

英军用洋炮猛烈轰击守军阵地，炮击之后再组织步兵冲锋。当时，中国军使用的主要武器是长矛、大刀等冷兵器，还有数量不多的几门土炮，威力是很有限的。

英军的这种打法对守军的威胁很大。海龄眼看着自己的同胞一个个倒在血泊之中，敌军一步步向前推进，真是心如刀绞，两眼几乎要冒出火来。

敌人的一次次冲锋都被手持大刀、长矛的中国守军打退。海龄忽然想出一计：为什么不避敌之长，击敌之短呢？

他当即传下命令，每当敌人打炮时部队迅速分散，利用有利地形隐蔽起来。让敌人的炮打不到自己，又可消耗对方的火药。

英军打了一阵炮后，见中国守军阵地上没有什么动静，又组织步兵冲锋了。当敌军逼近阵地时，中国守军迅速从各个隐蔽处冲了出来，像猛虎出山似的扑向敌人。在近距离的肉搏战中，英军先进的洋枪洋炮失去了威力，中国军的大刀长矛却大显神威，杀得敌人鬼哭狼嚎，丢下许多尸体逃了回去。

在海上，海龄也以同样的策略打击侵略者。镇江军民利用水势流向，在上游向江中撒下了大批稻草等杂物。这些杂物顺着水势漂向敌舰周围，又被旋转的水流卷进舰身下面，缠住了敌舰推进器的拨水叶子，使这些机器启动不了。英军自以为横行无阻的铁甲炮船就这样全都瘫痪在海上。

夜幕降临了，镇江军民划着小船悄悄地靠近敌人大船，向敌船上投掷引火物。海风一吹，火随风助烧得更加厉害。英军进退不得，只有挨打的份儿，十分狼狈。

但是，这些局部的胜利并不能改变整个战局的变化。由于敌我力量过分悬殊，镇江城外的战略要地纷纷陷于敌手，使城内的守军陷入孤立无援的境地。

面对这种形势，海龄镇定自若，沉着应战。指挥守军用土炮、弓箭、石块等劣质武器一次次打退敌人的进攻，出现了许多可歌可泣的场面。敌人登上城头后，有的赤手空拳与敌人搏斗，把敌人摔下城去；有的抱住敌人一块儿滚下城去，与敌人同归于尽。敌人进城后，守军仍然坚持抵抗。利用房屋、断墙与敌人周旋到底，使英军每迈出一步都得付出沉重的代价。最令人感动的是，英军人城后海龄组织巷道战，当他路过自己家门口时，见妻子怀抱幼儿站在门前。海龄对她说：

“今日的局势看来对官军很不利，这城怕是守不住了，你带着孩子先躲躲吧。”

他妻子毅然回答说：

“你是一军之将，只管去指挥战斗吧。家里的事不用惦记，我自会处置。”

说完之后，妻子抱着孩子一头跳进熊熊大火之中。人们见了都感动得哭了起来，无不奋勇向前，与敌人拼死一战。

最后镇江城失陷，海龄也以身殉国。

镇江抗英保卫战最后是失败了，但海龄率领的中国守军，在具体战斗中所运用的策略却是成功的，表现出了高超的军事指挥才能。

声东击西救天京

苟利国家生死以，岂因祸福避趋之。

——林则徐

太平天国后期，由于内部发生争乱，以致元气大伤。清朝政府重建江北、江南大营，构成对天京（今南京）的包围形势。

一天，忠王李秀成下朝后，被总理朝政的干王洪仁玕请到了府中。两个人各叙了礼，分宾主坐下，洪仁玕愁眉苦脸地对李秀成说：

“清妖卷土重来，包围了天京，形势很严峻，真叫人发愁啊！”

李秀成接着说：

“开始确实对我们不利，天京外围的清妖实力雄厚，工事坚固，要想从正面打退敌人，解除天京的包围，看来还真有些困难。”

洪仁玕又说：

“忠王向来被人称为智多星，难道没有妙计退敌吗？”

“干王过奖了，实在是愧不敢当。不过这几天我一直在琢磨，有一计不知行不行？”说到这里，李秀成拿起茶盏喝了一口茶，眼睛望着洪仁开。

洪仁玕急着问：“什么计策？请说吧！”

李秀成慢慢地说出四个字：“围魏救赵。”

接着李秀成详细叙述了他的设想，直听得洪仁玕连连点头，愁眉也舒展了，说：“好！我马上呈报天王。你也按计划行动吧。”

李秀成立即赶到了安徽芜湖，召集各路人马快速进军浙江。

为了迷惑敌人，派侍王李世贤虚攻湖州。湖州是浙西重镇，清军急忙调兵遣将加强防守。

李秀成亲自率领6000人换上清军的服装，扮成清军，越过天目山，向杭州进军。

当时，杭州城内十分空虚，满洲营外兵勇不到3000人，清军怎么也不会想到太平军会来偷袭杭州，直到城下才发觉，但已经晚了。太平军用大炮轰破杭州清波门，冲入城内，杀死浙江巡抚，占据了浙江省城杭州。

杭州失陷的消息传到北京，咸丰皇帝急得口吐鲜血。因为浙江是清政府的财税来源地，一旦失去，后果不堪设想。咸丰帝当即下令江南大营调拨军队进入浙江，无论如何必须夺回杭州。

清军江南大营不敢违抗命令，立即出动大军奔赴浙江。

李秀成得知清军已赶来杭州，于是，在城内各处插遍了太平军的旗帜。自己却率领部队悄悄地退出了杭州城，从余杭、孝丰的小路赶到安徽建平，在那里会合了另外几路大军。

江南大营的清军毫不费力地“收复”了杭州，得到的却是一座空城。他们迷惑不解，不知太平军的真实意图是什么。

而这时，太平军各路大军已经云集在天京外围，号称有10万人，形成了对江南大营的反包围。江南大营的一部分军队还远在杭州，要想赶回来也来不及了。

太平军分五路进攻，路路都传来捷报，把清军苦心经营多年的江南大营扫荡一空。

接着，李秀成乘胜前进，猛追穷寇。清朝钦差大臣和春与江南提督张国梁带领残兵败将逃到丹阳。太平军追到丹阳，攻破丹阳城。张国梁掉入河中淹死，和春逃到苏州后上吊自杀。

太平军又占领苏州、常州二府，巩固了后方基地，解除了天京被包围的局面。

针对清军江北、江南两大营重兵包围天京的严重局势，李秀成并不是与清军正面交锋打硬仗，而是偷袭了清军所必救的杭州，这样江南大营必然空虚，李秀成乘虚进攻，取得胜利。这令人想起2000多年前孙膑“围魏救赵”的故事，他们是多么的相似啊！

功成于自强

吴道子蒸饼悟画

真正之才智，是刚毅之志向。

——拿破仑

吴道子，阳翟（今河南禹县）人，唐朝著名画家。

吴道子自幼孤贫，爱好学习。为了学习书法，他历尽千辛万苦，只身到浙江、江苏向书法家贺知章、张旭求教，未取得进步。后改学绘画，虽遍访名师，仍无成就。两次失败，使他有些心灰意冷。

一天，他来到一座庙宇，看见庙前有一个妇女在卖馍饼。她后面左右两边又各有一位妇女。左边的在和面做馍，右边的用馍具蒸烤。左右两人相距丈许。只见左面的用面做成薄馍后，随手一扔，那馍滴溜溜地旋转着，不偏不斜正落在右边妇女的馍具内。右边的接馍后，一面烧火，一面翻馍。馍熟了，她用竹片一挑，那熟馍也飞起来，正好落在八尺外卖馍妇女的竹篮内。一块又一块，摞得整整齐齐。过路人看了，无不拍手叫绝，抢着来买馍。

这情景，把个吴道子看呆了，好一会儿才回过神来。他走到卖馍人跟前，买了一块馍，随后问道："请问，卖馍大婶，飞馍的技艺有什么诀窍吗?”卖馍的妇女答道:“这没有什么，只不过手熟罢了。天天烙，月月烙，日子长了，自然熟练了。”吴道子听了，顿觉豁然开朗，他领悟了一个道理:“学习书法、绘画，也是同理，熟能生巧，功到自然成。”

从那以后，他更加勤奋，见山画山，见水画水，见人描人，见树绘树。到了20岁时，他就成了远近闻名的画家。

但他不满足于现有成绩，还要拜师深造。远学南朝画家张僧繇，近学当代画家张孝师。

工夫不负有心人。刻苦学习之后，他所画的人物，笔迹拓落，形姿雄劲，生动而有立体感。中年后，他的笔法变得更加遒劲、圆润。点画之间，时见缺落，有笔不周而意周之妙。后人因此把他和张僧繇并称为“疏体”。

吴道子在绘画上总是精益求精。他在长安、洛阳两地的寺观作壁画三百余幅，无不是珍品。他所画人物的衣褶，飘飘欲举，后人称“吴带当风”。吴道子的山水画也自成一家，曾在大同殿墙壁上，画出嘉陵江三百余里山水，大笔挥洒，一天就画完了。

吴道子绘画的艺术成就，对后代产生很大影响，后人尊他为“画圣”。宋朝苏轼说:“画至吴道子，古今之变，天下之能事毕矣。”

吴道子持之以恒，熟能生巧的学画过程，对后人启示很大。

韩幹临厩画马

只解沙场为国死，何须马革裹尸还。

——徐锡麟

韩幹是唐代的一位大画家，尤其以画马而闻名。

他小时候，一天学也没上过。他父亲是个老羊倌，但懂得一点绘画本领。每当韩斡与父亲一起放羊时，他便学着父亲的样子，拿着石子在地上画来画去。久而久之，他画的东西越来越形象，越来越逼真了。

为了能挣点钱拜师学画，在韩斡刚满 12 岁那年，父亲便把他送到了一家小酒店去当伙计。这个活又苦又累。每天，酒店里所有的杂活都要由韩斡去做，完事后，他还要替店主人给各处的主顾送酒。

每天晚上，累得直不起腰的韩斡，乘主人休息后，便开始画自己的画儿，他住的那间堆放杂物的小屋内，油灯往往是亮到天明。

有一次，有人让他给当时的著名诗人、画家王维家里送酒。当韩斡挑着酒担找到王维家时，恰好王维不在家，他久等无聊，就用柴杆在地上胡乱画些人和马。王维回家后看了他的画，觉得他很有绘画的才能，就鼓励他去学画，并且在经济上给他很大的帮助。从此，韩斡就离开了酒店，跟当时著名画家曹霸学画。经过十余年的刻苦学习，他的绘画艺术已有很深的造诣了。

唐玄宗听到他的名声后，便将他召人宫内作画，并要他向宫廷内的一位画马名家陈闳学习画马。但是他并没有照着做。唐玄宗问他是什么原因，他回答说："我有我的老师，皇上马厩里的那些马就是我的老师。"

他在皇帝的马厩里日夜观察，钻研各种马的共同点和不同点。长期的观察，使韩斡对马的习性、神态都有了深刻的了解。他在马厩里一住就是 4 年。4 年后，再看他笔下的马，可谓神骏、雄健、跃然欲动，连当时的画马名家都称赞说韩斡超过了他们。

桑维翰铁砚磨穿

> 我自横刀向天笑，去留肝胆两昆仑。
>
> ——谭嗣同

叛将张彦绎率领契丹军队入京师，后晋的朝廷官员纷纷四处逃散，有的还投降了契丹。张彦绎一路烧杀攻进开封府，只见一位官员在大堂之上端坐不动。他威风凛凛，正气凛然，两眼怒视着张彦绎，好像要冒出火来，并高喝道："张彦绎，不得无礼！"吓得张彦绎两腿发麻，连连后退了三四步。这位临危不惧的后晋官员，就是赫赫有名的开封府尹桑维翰。桑维翰宁死不屈，后来终于被契丹杀害。桑维翰不但是一位爱国志士，而且是一位学识渊博的学者。

桑维翰，字国侨，河南人，自幼勤奋好学，志向远大，还没到成人的年纪就参加了进士考试。当时社会混乱，谶纬神学盛行，出门办事要选黄道吉日，连科举考试的日期地点也要由巫师占卜来决定，而且忌讳这个忌讳那个，迷信的说法很多。当时桑维翰的考试成绩很好，主考官很满意，本来要录取他为进士，可是一看卷首的名字就把饱蘸朱砂的笔放下了。原来桑与"丧"同音，在这位主考大人看来很不吉利。于是桑维翰就这样"落榜"了。

知道了落榜的原因之后，桑维翰非常气愤，然而却并不灰心。落榜的当天夜里，他就写了篇《日出扶桑赋》来激励自己。当时有的好心人劝他通过别的途径去朝廷做官，不必非要去考取进士了。然而桑维翰不但没听他们的劝告，反而让铁匠给他锻造了一块铁砚台。他把铁砚拿给乡亲们看，说："我从此就用这块铁砚研墨写文章去考取进士，一年不成两年，两年不成三年，直到铁砚磨穿了我才罢休。"乡亲们都佩服他这种坚忍不拔的精神。后来，桑维翰终于考中了进士，并做了翰林学士礼部侍郎。

喻浩苦学建筑营造

> 胜人者有力，自胜者强。
>
> ——《老子》

喻浩是北宋初年浙江的一位著名的建筑家。他擅长营造，特别擅长于建宝塔，被誉为“造塔鲁班”。宋朝的大文学家欧阳修曾经称赞他说：“国朝以来，木工一人而已。”还有一句民谣说：“诗词数白公，造屋忆喻浩。”人们将他在建筑上的成就与大诗人李白相比，足以见他技艺之高。

喻浩从小就很喜欢做木工活。他小时候，常常到外面去捡些破木头，将它做成小巧美观的家具、房子、塔等各种玩具。到了20多岁，他的手艺已经很不错了，能够造厅堂、庙宇、亭台楼阁。

当时，汴京城有一座相国寺，是唐代修建的著名建筑物。相国寺的楼檐造得非常精巧，一般人观看后，赞叹一番也就罢了。喻浩为了弄清它的结构和建造技巧，经常仔细地观察研究。为了学会修造这种飞檐结构，他常常一个人跑到寺前去观察。

有一次，他来到相国寺，起初是站着看，累了就坐下来看，坐久了又躺下来看。他躺在门楼的地上仰视观察，足足躺了一个时辰。寺里的人误以为他是无家可归，栖身寺门的乞丐，拿起棍棒要赶跑他。当有人认出他是大名鼎鼎的高手巨匠时，才消除了一场误会。

就这样，他在相国寺外面，边看边琢磨，接连看了许多日子，终于弄懂了其中的结构和奥妙，掌握了制造这种飞檐的技术。

不仅如此，为了钻研建筑艺术，他每到一地都要仔细研究当地的气候条件、风俗人情，作为设计工程的参考。所以他在建筑方面取得了很高的成就。

北宋建国初年，浙江一带仍存在着“十国”之一的吴越国。吴越国王在国都杭州梵天寺建造一座方形的木塔，叫梵天寺塔。当木塔初步建成，还未全面完工时，国王就迫不及待地去登塔。走到第五层时，塔身突然摇晃起来。国王很害怕，停下脚步，并责问主持木塔施工的总司务。这位总司务非常紧张，又不知塔身摇晃的原因，只得对国王含糊其辞地说：“这个，恐怕是塔身很高，塔顶又没有盖上瓦片，上截轻了，所以摇晃起来。”

国王说：“那好吧，等宝塔盖瓦封顶后，我与王后再来登临，那时候可不能再晃动了！”

宝塔全部完工后，建塔的总司务率领工匠先登塔试验一下，发觉塔身仍然摇晃不已，偶尔一阵风吹来，晃动得更厉害了。怎么办呢？晃动着的宝塔不是要吓坏国王和王后吗！总司务冥思苦想也想不出解决的办法，于是就向喻浩请教。喻浩仔细听了总司务的叙述，说："好办，这个问题容易解决。""容易解决？"总司务奇怪起来，"你还没登过塔哩！怎么就有办法了？您是不是去查看一下呀？"

"不用了，你照我说的去办吧。"喻浩说，"从宝塔的每一层起铺上木板，用铁钉把木板钉住，塔身保证不晃动了。"

喻浩说得蛮有把握，总司务虽半信半疑，回去后仍然照他说的去办了。

过了几天，塔身内各层都铺钉了一层木板，总司务带着几十个人同时登塔，恰巧遇到当天有大风，而塔身果然纹丝不动。又由于铺上了木板。地面光滑洁净，登高远眺，着实令人心旷神怡。

为了设计各种样式的塔、楼、亭、阁，喻浩时时动脑筋，反复揣摩。每夜睡到床上，他总把双手十指交叉起来放在胸前，不断变换各种形状，搭成建筑物的样子，并进行对比、归纳、取舍。

晚年，他又花了5年时间，完成了中国第一部关于木结构建筑的著作《木经》，共3卷。要知道，他只读过3年书，如没有勤奋钻研的精神，是根本完不成这部专著的。

范仲淹"断齑划粥"

> 凡事欲其成功，必要付出代价。
>
> ——奋斗

范仲淹（989~1052），字希文，北宋苏州吴县（今属江苏）人，是宋代著名的政治家、文学家。

范仲淹出身贫苦，2岁丧父，母亲无法维持一家的生活，带着他改嫁到朱家。他从小就很有志气，酷爱读书，并经常规劝朱氏兄弟努力学习。朱氏兄弟不知好意，反说：“我吃朱家的饭，穿朱家的衣，与你何干?”听了此话，范仲淹又惊又疑。后来别人告诉他母亲改嫁之事，为此，他感愤已极，自立门户，告别母亲，住进长山醴泉寺的僧房苦读，这时他才10来岁。这一时期，他生活异常艰苦，每天晚上用粳米熬稀粥一锅，待冷凝之后，划成四块，早晚各吃两块，再切几根腌菜。这就是著名的“断齑划粥”的故事。

范仲淹在醴泉寺苦读3年之后，为了学到更多的东西，他又佩琴剑，风餐露宿，不远千里来到南都（今河南商丘）寻师访友，进了当时著名的南都学舍。

在南都学习期间，他仍像以前一样食粥苦读。他有个同学是留守的儿子，见他生活如此艰苦，就回去告诉父亲。父亲听了很感动，吩咐儿子带些肉饭给范仲淹吃。过了几天，这个同学又到范仲淹这里来，发现他送来的饭菜已经坏了，可是范仲淹却一口也没有吃。同学不解地问：“家父听说你生活清苦，特地让我送些饭菜，而你却不吃，是不是怕玷污了你的品德?”范仲淹回答到：“我很感激你们的厚意，但我吃粥已经吃惯了，如果现在吃这样好的食物，以后吃不了苦怎么办呢?”

在南都学舍，他昼夜苦读，困倦了就用冷水洗脸浇头，实在瞌睡就和衣睡下，醒来继续攻读。有时，他每天连两顿粥都吃不上，往往只到黄昏时才吃一顿，既是早餐，又是晚餐。就这样勤学苦读了5年，获得了渊博的知识。

由于范仲淹长期刻苦治学，积累了丰富的知识，终于成为我国历史上著名的政治家和文学家。

司马光用“警枕”促读

在尚未变得容易之前，一切事情都是困难的。

——富勒

司马光，字君实，北宋陕州夏县（今山西夏县）人，是我国历史上著名的政治家和历史学家。卷帙浩繁的史学巨著《资治通鉴》，就是由他主编的。

司马光从小爱读书，尤其是喜欢读历史书。他虽然不聪明，但是看到别人有什么长处就下工夫学习，直到超过别人为止。比如，他小时候和哥哥、弟弟们一起学习，感到自己的记忆力比较差，便想办法克服这个弱点。每当老师讲完课，哥哥弟弟们读上一会儿便扔开书本，跑到院子里去玩的时候，司马光就关上门窗，独自一遍又一遍地高声朗读起来，直至能流畅地背诵，才肯休息。他还利用一切空闲时间，比如骑马赶路，或夜里不能入睡的时候，一面默诵，一面思考，久而久之，他不仅对所学的内容能够精通，而且记忆力也越来越强了，少时所学的东西竟至终身不忘。

司马光做官以后，读书更加刻苦。他为了抓紧时间读书，给自己设计了一套特别的卧具：一张木板床和一个小圆木枕头，为什么要用圆木做枕头呢？因为硬邦邦的圆木枕头，放在硬邦邦的硬木板床上容易滚动，读书困了睡着时，只要一翻身，枕头就滚走，头便跌在木板上。于是他就被惊醒了，可以马上起来继续读书，不会一觉睡到天亮。司马光给这个小圆木枕头起了个名字，叫“警枕”。

司马光长时期的勤学苦读，扩大了知识面，提高了认识水平，为著书立说打下了坚实的基础。

《资治通鉴》的编修，前后历时 19 年。在《资治通鉴》的编修过程中，司马光付出了艰辛的劳动。据说，他每天很早起床开始工作，一直到深夜才就寝。每天修改的稿纸有 3 米多长，而且上边没有一个草字。等到《资治通鉴》修完，在洛阳存放的未用残稿，就堆满了两间屋子。司马光在他的进书表上说“平生精力，尽于此书”，绝非虚语。

欧阳修著文的“三多”与“三上”

我们最大的光荣，不在于一次也不失败，而在于每次倒下都能够站起来。

——格尔斯密

“一生勤苦书千卷”，这是北宋著名文学家欧阳修的诗句，也是他毕生勤奋学习的真实写照。

欧阳修（1007～1072），字永叔，号醉翁、六一居士，吉水（今江西）人。他小的时候，父亲病故，贫困的家庭更困苦不堪了。少年时的欧阳修，很爱学习，但没有钱买纸和笔。他的母亲就用芦荻杆当笔，在泥沙上教他认字写字。著名的“画荻教子”的典故就是从这里来的。

在母亲的教导下，欧阳修刻苦学习，不到10岁，就已经具备了自学能力。于是，他就借书回家读，重要的自己抄一遍，并把它背出来，几年以后，他把很多书都背熟了。

有一天，他从废纸堆里发现了韩愈的遗稿，已经破烂不堪了。他把这本书捡回家，经过精心修补，认真地读起来，爱不释手，连读了几遍，废寝忘食。欧阳修一下子就被那汪洋恣肆的文采深深地吸引了，他发誓努力学习，赶上韩愈的水平。

欧阳修非常勤勉。他认为写文章有“三多”：“看多，做多，商量多也。”因此，他平时总是能够做到：多读优秀作品，多练习写作，多和朋友们商讨文学问题。

欧阳修作文，一向虚心向人请教，从不满足。有一次，欧阳修、谢希深、尹师鲁三人各撰写一篇题材相同的文章。结果，谢文700字，欧文500

字。而尹文只有380多字，语言精练，结构严密。欧阳修自觉不如，甘拜下风。晚饭后，他提了酒亲自到尹家拜访，一见面就说："小弟向你请教来了。"两人促膝交谈，直到天明。回家后，他没有躺到床上，而是立刻振作精神，字斟句酌地重写一篇。结果，不但比尹文少20个字，而且显得更加完整，更加凝练了。过后，尹师鲁读了，十分惊叹地说："欧阳修真是一日千里啊!"

欧阳修在自学中尝到了"看多"、"做多"、"商量多"的甜头，但同时也感到做到"三多"，时间是至关重要的。欧阳修当官以后，公事十分繁忙，但为了力求实行政治改革，仍然写下了许多有相当价值的诗词和散文。欧阳修写作态度非常严谨，一字一句，反复锤炼。每写完一篇便贴在卧室的墙上，随时看、随时改，直到尽善尽美，才肯拿出去给人看。他在安徽滁州当太守时，曾写了著名的《醉翁亭记》。开头写滁州的山景就写了几十个字，后来修改时，他想这篇游记的重点是写"醉翁亭"，没有必要用过多笔墨描写山景，最后概括成"环滁皆山也"一句，寥寥几个字，洗练明确。有人好奇地问他：哪来这么多时间思考？欧阳修回答：我生平所作文章，多在"三上"，这就是利用马上、枕上和厕上的时间。

欧阳修到了晚年，已经是赫赫有名的大文学家了。可是，他仍然把以前所写的文章拿出来一篇一篇地修改，冥思苦想。他的夫人劝他："何必这样吃苦，又不是小学生，难道还怕先生骂吗？"他捻着胡子，呵呵大笑，说："我倒不是怕先生辱骂，而是怕后生耻笑!"

经过一生勤苦的努力，欧阳修给后人留下了很多著作。其中有《欧阳文忠公文集》、《新五代史》等，还与人合修了一部《新唐书》。他的诗词也写得很好，尤其擅长写散文。他文风平易流畅，委曲婉转，对宋代及其以后的散文发展产生了重大的影响，为我国的文学事业作出了卓越的贡献，成为著名的"唐宋八大家"之一．著名文学家苏轼称赞他："论大道似韩愈，论事似陆机，记事似司马迁，诗赋似李白。"

韩信忍受胯下之辱

天下大勇者，卒然临之而不惊，无故加之而不怒。

——苏轼《留侯论》

韩信是西汉初著名的军事家，淮阴（今江苏淮安）人，以其杰出的军事才能，帮助刘邦击败了项羽等诸侯，建立了西汉王朝。

韩信少年时候很贫穷，有志向但没有志气。每天游手好闲，在街上游来荡去，还经常在淮阴河畔钓鱼。不务正业的他没有稳固的经济来源，家里人又死得早，所以经常是吃了上顿愁下顿。很多时候，连续一两天都没有食物下口，因此他饿得面黄肌瘦，憔悴不堪。

有一天，韩信又来到淮阴集市上游来荡去，那天天气很好，阳光明媚，天气凉爽，又碰巧不是农忙的日子，赶集的人很多，市集上十分热闹。只见韩信穿着破旧的长袍，东瞧瞧，西看看，一下遛达到新开的茶馆里瞅瞅，一下又盯着人家钱庄的金字招牌入神。他嘴里吹着口哨，手中把玩着不知从哪里拔来的狗尾巴草，倒也是消遥自在，快活得很。

不知不觉来到了集市东头，那里有一排肉铺，屠夫们正在吆喝叫卖，讨价还价，好不热闹！可是韩信一走到那里，便马上往回走。原来前几天他和一个屠夫闹了意见，后来屠夫要打他，他一溜烟地就跑了。瘦弱的韩信怎是强悍的屠夫们的对手，于是三十六计，走为上策。

谁知那个屠夫眼尖，很快就看到了韩信。他马上冲了出来，揪住了韩信，大声说："你还想跑？没那么容易。"其他屠夫看到了，也纷纷围过来看热闹，但没有一个帮韩信说话的。这个屠夫看到后，更加嚣张，调戏他道："你不怕，就拿刀杀我；如果不能，就从我胯下爬过去。"说着，从案上拿来一把雪亮的屠刀递到韩信手中，韩信哪敢下手，心想杀人可是要偿命的，无奈之下，只好俯下身从屠夫胯下爬过去。围观的人都纷纷拍掌叫好，嘲笑韩信胆小懦弱。

“真是奇耻大辱！”韩信边走在路上，边痛心地责怪自己：“都怪自己不争气，才会被人如此戏弄。男子汉大丈夫绝不能一辈子这么懦弱无能，一定要活出个人样！”

韩信决定到外面去求师拜学，闯荡天下。工夫不负有心人，忍受胯下之辱的韩信终成一代名将。

孙膑身残志坚著兵法

> 莫道桑榆晚，为霞尚满天。
>
> ——刘禹锡《酬乐天咏老见示》

孙膑是战国时期齐国人，出生在阿（今山东阳谷东）鄄（今河南范阳县西南）之间，生卒年代不详，大约生活在公元前380年至公元前320年，主要活动于齐威王时期。他是春秋末期军事家孙武的后世子孙，中国历史上一位杰出的军事学家。

孙膑少年孤苦，毅力非凡，才智过人。为使国家免遭战乱之苦，他亲自到深山拜自号“鬼谷子”的王栩先生为师，学习兵法。

孙膑学习异常刻苦，勤奋向上。他尊敬先生，勤学好问，成绩优异，为学生之冠，深得师生的爱戴。先生传授《孙子兵法》13篇，他专心致志，废寝忘食，日夜苦读，所见之书，一阅即能诵忆。对先生每次提出的问题，他都是对答如流，一字不漏，并有自己独道的见地。有一次，先生讲“谋攻篇”，说：用兵之上策是挫败敌人的战略方针（伐谋），其次是挫败敌人的外交（伐交），再次是挫败敌人的军队（伐军），下策是挫败敌人的城池（攻城）。孙膑毕恭毕敬地站起来说："这是对的，先生。但我认为攻城不一定是下策，要据情而用之。"先生连连摆手称赞说："好，好，好！孙武后继有人哪！"另外，古代兵书非常重视"速决战"，而孙膑却提出持久战的主张。这些观点，都被日后他所指挥的"围魏救赵"和"马陵伏击"等优秀战例所佐证。这些战法，一直为后世军事家所赞赏和借鉴。

孙膑的一生，经历了坎坷不平的道路。当年，与他一起学习兵法的同学叫庞涓，两人相处和睦，如亲兄弟。孙膑常帮助庞涓学习，庞涓十分感激，曾发誓说："今后我一旦受宠，一定在当权者面前保举你，兄弟之间不相忘。"后来庞涓到了魏国，替魏惠王东征西战，深受重用，任命他为魏军的统帅。庞涓得志后忘恩负义，心想：我虽当上了魏国的统帅，但孙膑的品德和学识远远超过我，有他在，便威胁到我的声誉和地位，便施以毒计，暗地里派人把孙膑请到魏国，花言巧语，欺骗孙膑为之写兵书。诡计败露后，反诬陷孙膑犯法，用酷刑割去他的双膝骨，使之残废，并在脸上刺了字，企图使他埋没人世，不为人知。后来，有一齐国使者把孙膑藏在车座下，秘密救回齐国。

回国后，孙膑凭着一颗赤诚的爱国之心，为祖国尽心尽力。他先后协助齐威王和田忌大将两次打败魏国，屡建战功，威震四方，名显天下。齐威王给孙膑加官晋爵，孙膑面对褒奖和赏赐不仅不受，反而请求辞去军师职务，找个清静的地方，过着隐居的生活，决心攻著兵书，为后人造福。

孙膑撰著兵书的毅力十分惊人。他常常是在弟子的协助下，通宵达旦地搜集、查阅、研究大量的历史资料，并忍受着酷刑残疾给自己带来的巨痛，潜心琢磨，演练推敲。他的几位学生曾与他同居，见先生如此刻苦，深受感动。学生硬劝他休息，而且轮流监护先生的睡情。尽管这样，他们也时常听到孙膑在梦中喊声：这仗打得好，把它写进去。有时他叫喊而醒，秉烛而起，伏床写作到天明……

孙膑治学态度严谨，刻苦撰著的《孙膑兵法》，既吸取了前辈军事思想的精华，又不被束缚，在《孙子兵法》的基础上有创新和发展。他的战争不可避免性，战前做好充分准备，重视城邑的攻取，战争中重视人的作用，坚持严格的军事训练等方面的军事思想．都值得后人借鉴和学习。

《孙膑兵法》是一部继《孙子兵法》之后中国军事遗产宝库中的又一颗璀璨的明珠，是中华民族对世界文化的伟大贡献。孙膑身残志坚、刻苦勤学、著书立说的精神，像《孙膑兵法》一样，流芳百世。

扁鹊起死回生

君子曰："学不可以已。青，取之于蓝，而青于蓝；冰，水为之，而寒于水。"

——《劝学》

扁鹊（生卒年不详）姓秦，名越人。齐国渤海郡鄚（今河北任丘县北）人。他是战国初期的名医。

扁鹊年轻的时候，曾拜长桑君为师学习医术，但他并不仅仅以师传为满足，重视实际探索，凡是都要问个为什么，他几乎读完了前人所留下来的医学著作，在东西南北各地往来行医。他一丝不苟地为病人治病，疗效很高。人们把他比作黄帝时的神医扁鹊，称他为"扁鹊先生"。

他认真地汲取了前代医家的医学经验，又根据自己多年的行医实践经验，创立了一套完整的诊断原则，即望（观气色）、闻（听声音）、问（问病情）、切（切脉理），奠定了中医治疗方法的基础。在治疗的具体方法上，扁鹊研究并熟练地掌握了当时已经得到普及与发展的砭石、针灸、按摩、汤液、熨帖、手术、吹耳、导引等方法。

扁鹊行医期间，有时去齐国，有时去赵国，他的足迹遍及今河南、河北、陕西一带。他随俗为变，根据当地人民的实际需要，有时作"带下医"（妇科），有时作"耳目痹医"（五官科），有时又作"小儿医"（小儿科），他全面而又高超的医术，受到了人们的普遍赞誉。扁鹊还很有些哲人的头脑，他提出了“六不治”原则，把骄横放荡蛮不讲理、看重财物而轻视生命列为“六不治”之首，信巫不信医也是他所认为的不治之症。这种朴素的唯物思想，对破除迷信，促进医学的发展，起了很大作用。扁鹊在处理具体病案时，往往采用多种方法兼用的综合疗法。这也是他医术高明的一个重要原因。

有一次，扁鹊外出行医路过虢国，听说虢国的太子突然死了，在扁鹊看来，这件事很可疑，因为从太子发病的症状上看，得这种病的人，不可能很快死掉，所以，他决心一定要探个究竟。便就急忙向虢的王宫奔去，当扁鹊跑到宫里的时候，里里外外正忙碌着替太子办理后世，准备成殓下葬。扁鹊叫人向国王说明自己的来意。国王一听是医术精湛的扁鹊先生来了，就欣然同意了。扁鹊来到太子身边，进行各方面的观察，他发现太子虽然没有呼吸了，但两腿内侧还有余温。便当机立断地说：“国王陛下，恕我狂妄，据我观察，太子并不是真死，而是一种‘尸蹶病’，陛下可放宽心，太子还有治好的希望。”国王一听，欣喜而又急切地请求扁鹊赶快给太子治理。于是扁鹊大胆地在各个穴位上给太子针灸，不一会儿，太子就面色潮红，有了微弱的呼吸，接着他又为太子熨帖，太子的呼吸由弱变强了，随后他又给太子灌了一些汤液，没到一顿饭的工夫，太子的身体动起来了，又过了没多久，太子睁开眼睛，挣扎着坐了起来。太子果然又活了过来，国王异常惊喜，再三向扁鹊道谢。大臣和百姓们相互传颂着名医扁鹊使太子起死回生的消息。扁鹊见太子一切正常，没有什么危险了，就留下药方走了，太子服了20天的汤药，完全恢复了健康。

后来扁鹊行医到了秦国，秦国的太医令李醯对他很忌恨，害怕医术比自己高明的扁鹊的到来，会危及自己的地位，于是，千方百计派人加害扁鹊，扁鹊心底无私，只知专心为病人治病，力求解除病人的痛苦，哪里会晓得这些阴险毒辣的内幕．终于被李醯害死了。

扁鹊通过学习、实践，不断探索，掌握了渊博的医学知识和高超的医术，因此在行医过程中才会表现出起死回生的精湛技艺。他创立的望、闻、问、切这一套诊断原则和方法直到今天还沿用着，他成为历史上具有传奇色彩的人物。孰不知，构成传奇的背后有多少奋斗和探索的艰辛！

刘向整理古籍二十载

> 宇宙中最伟大的事物是好人与逆境搏斗。
>
> ——格尔斯密

刘向（前77～前6），本名更生，字子政，沛（今江苏沛县）人，西汉文学家、目录学家，中国古代最著名的“编辑”。

刘向为了整理先秦古籍．整整花了20年时间。

汉王刘邦入关后。萧何没收了秦丞相府的图书文籍，存放在石渠阁。以后，又大规模征集图书。前后经过100年时间，石渠阁的藏书堆积如山了。公元前26年，刘向受诏校理这些图书。这时，他年已51岁了。接受任务后，刘向立刻选定精通各方面专业知识的人做助手，对这批先秦古籍开始整理、校勘、编纂。

石渠阁的图书如浩瀚海洋，不仅图书的抄集来源不一，而且传授者又各有师说。同一种书，存在不同的抄本，不同的篇次和不同的内容，而且，用字互有歧异，同音、形近互相假借的现象比比皆是。许多简册，由于长期埋藏于壁中、地下，掘出时残破朽烂，简直难以辨认。

刘向整理儒家古籍时，力排众议，打破了不同儒家学派的门户之见，兼收并蓄。他常常广收异本，互相校勘。例如《尚书》就有9家。流行的有《古文尚书》、《今文尚书》。当时古文、今文两大学派间，壁垒森严，互相攻击。刘向勇敢地冲破这些壁垒，古文和今文，相互校勘，改正了脱简、错简和文字的错误几十处，发现不同之处几百个。整理儒家古籍，竟花了刘向好几年的时间。

接着，他又整理了先秦诸子的著作。先秦诸子的著作，往往是篇章单行。编每一部书，刘向都要广泛收集各种传抄本子，清除重复和冗繁的篇章，然后再重新编定篇目次序。例如，整理《管子》这部书，刘向所搜集的篇目就有564篇，里面有很多内容是重复的。刘向重新编定的为68篇，分为8部分。

在石渠阁中，还有许多战国时的游说之说，书名各式各样。在编定篇目和次序以后，刘向把性质相同而来源不一的资料重新编纂，分作12国，按事件先后编为33篇，定名为《战国策》。刘向还编纂了《楚辞》、《新序》和《说苑》等很多书。每整理一种书，刘向都要写一篇“叙录”（摘要），最后，群书的“叙录”汇集成“别录”。这是中国历史上最早的一份图书目录。

整理先秦古籍的20年，也是刘向呕心沥血的20年。由于过度劳累，刘向在汉哀帝建平元年（公元前6年）去世了。儿子刘歆继承父业，又用了大约一年时间，完成了这次大规模编辑整理古籍的任务。

刘向父子编辑整理先秦古籍，对于保存和积累祖国的文化遗产，做出了不可磨灭的贡献。

班超不辱使命

> 君子生非异也，善假于物也。
>
> ——《劝学》

班超（32～102）字仲升，扶风（今陕西威阳东北）人，是大史学家班彪的儿子，班固的弟弟，是东汉杰出的外交家和著名将领。

班超年少时，读了一些经书和人物传记，那些动人的事迹常令他心驰遐想，卓越人物的不朽功勋令他羡慕不已．他希望有一天自己也能像史书中所载的优秀人物那样，为朝廷为国家建下不朽的功勋。他擅长辞令，谈锋稳健，常能为自己所做的事找出充足的理由。由于家境不好，他常为官府抄书来养活老母。他总有股韧劲，他想做的事，总要做到底. 初任兰台令史，永平十六年（公元73）任假司马，跟从大将窦固出征，攻打汉朝北部的匈奴贵族。就在这时，他梦寐以求的建功立业的机会来了，一项特殊而重要的使命落到了他的肩上。

在西汉王朝还强大时，匈奴贵族不敢妄动，汉朝和西域各国的联系还持续着。随着西汉王朝的衰败，匈奴贵族又猖獗起来，肆意攻掠西域各国和汉朝的边境。王莽统治时，西域各国纷纷起来反对，投靠匈奴贵族，西域各族和中原地区的联系中断了。东汉建立之初. 西域西部莎车比较强大，它联合西域南道（今天山以南的新疆地区）的一些小国与匈奴贵族相对抗。莎车王还派遣使者到河西，探问中原动静，表示思慕汉家。公元73年，窦固率领东汉军队把北匈奴打得大败，占领了伊吾卢城，设置宜乐都尉，进行屯田戍守；东汉王朝着手恢复与西域各国的联系，在这种情况下，为了和西域南道各国取得联系，争取它们断绝和匈奴的联系，同东汉一起抗拒匈奴，班超奉北征大将窦固之命出使西域。班超考虑到了出使西域的危险和任务的艰巨，但一想到自己的志向，就毅然地接受了任务。

班超率领吏士36人向西域进发了。当时，西域各国的一部分贵族，希望摆脱匈奴人的野蛮统治，终止各国之间的纠纷，所以愿意帮助班超。也有一部分贵族受匈奴的挟持，凭借匈奴的势力，与班超为敌。班超就是在这种复杂的形势下进入了西域南道。

班超一行首先到了鄯善。鄯善王开始很热情，设宴款待，并设置歌舞，可后来态度突然变得冰冷起来，班超感到很奇怪，便派人暗中观察探听。得知是北匈奴的使者到了鄯善，鄯善王不知所从，就对汉人采取了冷落的态度。班超感到，在这种情势下，如不当机立断，恐怕越来越对自己不利，不仅完不成使命，连性命也要丢掉了。于是，他抱着“不入虎穴，焉得虎子”的勇气和信心，带领自己手下的士兵，悄悄行动，袭杀了北匈奴使者及随从人员100多人。鄯善王为之震服，又从犹豫中站到汉朝这边来了。不久他来到于阗国，于阗王也杀掉了北匈奴使者，归附了汉朝。第二年春天，班超一行又前往西域西端的疏勒。当时，疏勒为北匈奴控制着，班超派人间道驰入疏勒，废掉了北匈奴设立的龟兹人疏勒王，按着疏勒人民的意愿，改立原来的疏勒王，恢复了他的王位，从此，琉勒也亲附汉朝了。班超足智多谋，坚定果断，经过坚决的斗争，逐一肃清了北匈奴在南道各国的势力，使西域南道诸国摆脱了匈奴人的残暴统治。班超的一系列行动，符合西域各国人民的利益，获得了广泛的支持，取得了胜利。

汉明帝死后，北匈奴乘机反扑。在匈奴贵族的唆使和支持下，焉耆、龟兹等国攻杀了东汉政府在西域设置的都护。匈奴围困戊巳校都尉兵，杀了校尉关宠；东师也发兵援助匈奴。此外，反叛的西域各国还联合进攻琉勒等国。班超孤立无援，处境十分困难。东汉政府看到无力固守东师，就令班超撤退。南道各国怕班超撤退后匈奴卷土重来，进行报复，都苦苦挽留班超，疏勒、于阗两国国王挽留班超最为恳切。在如此情况下，班超决心留住西域。班超克服了重重困难，压服了疏勒一部分亲匈奴势力，击平了姑墨，并团结于阗、疏勒等国，利用东汉前后两批援兵，迫使匈奴在西域南道的属国莎车投降，击败了龟兹援助莎车的军队，和乌孙建立起友好关系，重新稳定了南道的形势。

永元二年（公元90），大月氏贵霜王朝发兵7万，越过葱岭进攻疏勒，企图建立对西域的统治。班超率领西域南道各国军队击退了大月氏的进攻，声威大振，遂乘胜经营西域北道（今天山以北新疆地区）。第二年，北道的龟兹、姑墨、温宿等国都归附了东汉，班超在龟兹它乾城设立西域都护府，亲自坐镇北道；并命西域长史徐干屯驻疏勒，与北道遥相呼应。公元94年秋，班超发龟兹、鄯善等八国军队7万多人，讨伐曾攻杀前西域都护、一直心怀二意的焉耆、危须、尉犁，俘虏了这些国的王侯贵族。自此，西域各国都纷纷向汉王朝交纳人质，归附了汉王朝。西域地区和中原的经济文化联系更加密切，通往西亚各国的“丝绸之路”也随即畅通。

永元九年（公元97），班超派甘英出使大秦（伊朗），甘英达到条支国海滨（今波斯湾），临海东渡，为安息人所阻而还。这是中国使节远至波斯湾的第一次。

班超在西域奋斗了30年，他运用各种方法，帮助西域人摆脱匈奴贵族的束缚，使西域重新与内地联为一体，为增进汉族和西域各族人民的友谊，加强中原和西域地区的政治、经济和文化的交往，维护多民族国家的统一，立下了伟大的历史功勋，他自幼立下的志向终于实现了。班超投笔从戎的爱国精神，“不入虎穴，焉得虎子”，机智勇敢、坚韧不拔的顽强意志，一直为后人所传诵。

刘恕谢宴借览

人，只要有一种信念，有所追求，什么艰苦都能忍受，什么环境也都能适应。

——丁玲

北宋史学家刘恕，字道原，筠州人。他是司马光编著《资治通鉴》，考证历史问题的重要协助者。

当时编写《资治通鉴》，英宗皇帝指定司马光负责，并让他挑选助手。司马光当即回答说：“馆阁中文学之士诚然不少，至于专门精通史学的，据我所知，只有刘恕一个人而已！”司马光首先选中了刘恕，在修史的过程中，凡遇史实纷杂难治之处，多由刘恕处理。

刘恕一生勤奋好学，惜时如金。白天，埋头读书，家里人喊他吃饭，直到饭菜冰凉，他还顾不上吃；夜间，上床之后，仍然思考古往今来的历史问题，往往通宵不眠。

刘恕家境贫寒，阴历十月还穿不上棉衣，自然无钱买书，只得靠借书、抄书来满足自己求学的需要。甚至不远数百里，外出求书借读。

一次，刘恕得悉在亳州做官的学者宋次道，家中藏书丰富，就绕道跑去借阅。宋次道让这位远道而来的友人住在家里，办了丰盛的酒席招待他。刘恕却对主人说：“你知道，我并不是为了享受佳肴美酒才跑到你这儿来的。这样大吃大喝，岂不误了我的正事！请把这些酒肴都撤走吧，以后不必客气。”他一进书库，立刻就被琳琅满目的图书迷住了。于是，他把门一关，独自边读边抄起来。他白天顾不得休息，晚上忘记了睡觉。就这样坚持了10多天，把自己所需要的书本全部读完、抄完。临告别的时候，宋次道发现他的双眼都已熬得血红。

刘恕从小聪颖、专心，笃爱史学。13岁时，就从别人那里借来《汉书》《唐书》阅读。那时的科举考试，不重视历史知识，故一般的读书人对历史几乎茫然无知。而他注重学史，《史记》以下的正史，以至私记杂说、公文案卷，他无所不览；上下数千年的历史事件，也全都了如指掌。

有一天，他和其他一些人陪同司马光去游览万安山，看见山道旁边立着一块古碑，上面写有五代时一些将官的名字。大家都不知道他们是些什么人，刘恕却能一一说出他们的事迹始末。司马光回去一查验有关史书，果然像刘恕所说的那样。

刘恕晚年患有严重的风湿病，半身不遂，关节疼痛难忍。在这种情况下，他还让家里人借来有关的书籍，校正、补充自己的著作。刘恕的一生是短暂的，他只活了47岁。但在这短短的一生中，他除协助司马光编著《资治通鉴》外，还著有《通鉴外纪》10卷和《五代十国纪年》42卷（后者今已不传）。可惜还有一些著作他尚未来得及写完，就与世长辞了。

徐伯珍在竹叶上练字

不降其志，不辱其身。

——《论语·微子》

徐伯珍是南宋的著名学者，学习刻苦，学识渊博。

有一年夏天的一天，电闪雷鸣，一阵倾盆大雨又铺天盖地而来。这雨，已经下了五六天了。连绵不断的秋雨，导致了东阳太末县北山的山洪暴发。附近的村庄一片汪洋，房屋都浸泡在水中，低洼的地方，水已没了屋顶。水还继续往上涨，村子里的人家都携儿带女地走了，只有村西头的徐家，夜里还亮着灯。当时年仅10多岁的徐伯珍坐在两张叠在一起的床上，就着小油灯正专心致志地看书，水在地面上积了已经一尺多深了，可是他全然不顾，像没看见似的。当洪水暴发的时候，左邻右舍纷纷搬家，好心的邻居见他没有要搬走的样子都来催他早点搬家，可是徐伯珍坚决不走，他实在放不下手中书本，等水越来越大，浸进了屋子，他就把两张床叠起来，把油灯拿到床上，继续读书。

徐伯珍很小的时候父亲就去世了，因家里穷，念不起书，买不起纸笔。北山有很大一片竹林，徐伯珍就把竹叶采下来，然后回到家里在竹叶上面练习写字。竹叶用没了，就用筷子杆在地面上比划着练习写字。他的叔父徐瑶之与当时著名的学者颜延之交情很深，颜延之当时正在祛蒙山设馆讲学。叔父看徐伯珍学习这样刻苦，有心培养他成才，就把徐伯珍送到颜延之那里学习。徐伯珍在那里刻苦攻读，成为颜延之的高足弟子，10年之后完成学业时，他已经是一名博通经史的学者了。从此他开始执教讲学，他一生曾教过上千名学生。

胡三省注《通鉴》三十年

> 路漫漫其修远兮，吾将上下而求索。
>
> ——屈原《离骚》

南宋末年，由于元军南下，大量南宋国土沦丧，人民处在水深火热之中。

当时，在江陵做县令的胡三省，亲眼目睹了元军的烧杀抢掠，心中悲愤不已，出于爱国激情，毅然投身到抗元的斗争中。

谁知，由于奸相专权，使得南宋朝政非常腐败，胡三省只得愤然弃官，隐居乡里。

胡三省早年读过北宋司马光编的《资治通鉴》这部大书，而且精读过许多遍。一些文人学子读《资治通鉴》时，遇到有不懂的地方常向胡三省请教。胡三省常想："我给这些人解疑难问题，毕竟人数有限。如能把这部书全都注下来，该给世人和后代带来多大好处啊！"

想到这，他的决心更大了，并且立刻动手做起来。

在当时那样的动乱环境下，个人注史，无论从财力、精力，还是劳动量上来讲，都是困难重重的。胡三省不畏艰难，想方设法借来了各种史书，与《资治通鉴》对照着读，然后摘抄整理史料。根据《资治通鉴》所记的次序，逐条逐句地注解诠释。他日夜努力，寒暑不辍，4 年后，终于写成了《资治通鉴广注》97 卷和史论 10 篇。望着用自己的心血结晶而成的书稿，他露出了欣喜的笑容。

1276 年，南宋都城临安被元军攻陷。胡三省感到自己责任重大，他要保护书稿。

当时，形势非常紧张，有消息说，元军可能要从海上袭来，攻打浙东。胡三省考虑再三，决定躲避到山区去。他约了几个读书人一道，背着沉重的书稿。翻山越岭，西行向新昌逃难。

谁知，正当胡三省与几个读书人行走在山间小道上时，山腰中猛杀出 10 来个强盗，他们大肆喊杀，手起刀落，把胡三省的同伴杀了。胡三省滚落山涧才幸免于难。

同伴被杀，胡三省悲痛万分，更伤心的是，《资治通鉴广注》的书稿也没有了！

胡三省独自一人来到新昌，在一富人家当家庭教师。书稿丢失，并没有使胡三省灰心，人还在，仍可继续写！于是，他白天教书，晚上为《资治通鉴》作注。

又经过近 10 年的写作，胡三省重新写定的《资治通鉴注》完稿了。这时，元军已攻人浙东，胡三省又得逃难了。他吸取上次书稿丢失的教训，把书稿交给自己的好朋友袁洪，千叮万嘱，然后逃到乡下。

袁洪深知这部书稿的价值，他不辜负朋友的嘱托，把书稿封藏在家中的一个地窖中，后来元军入城，虽大肆抢掠，却始终没能搜寻到这个地窖。

时局平静后，胡三省返回袁洪家，见书稿完整无损，他感动得流下眼泪。

胡三省带着书稿回到家乡宁海，继续修改补充。

这时，他已经70多岁了，又患气喘病。儿子见老父亲彻夜著书，劝他注意身体，胡三省说："人生在世，总得作为一番，实现这个目的，只有一个'勤'字。所以，只要能成此书，劳累死了又有什么可遗憾的呢?"

的确，从42岁弃官开始，胡三省著书已有30个年头，直到临死前，他的《资治通鉴注》才最终完稿。

王次翁借灯读书

以修身自强，则名配尧禹。

南宋有个学者王次翁，是山东济南人。他学识渊博，五经六艺、诸子百家无不通晓。他家里十分贫穷，请不起教书先生，也没钱进学馆学习，读书全靠自学。学习需要书籍、课本，买不起就向左邻右舍的读书人家借着看，借来之后就连夜抄写下来，然后赶紧把书还给人家。工夫不负苦心人，不到20岁的年纪，他的学问已经很渊博了。而且他刻苦读书、自学成才的名声也在济南传开了，于是很多读书人都主动地向他请教。有许多希望孩子成材的家长，也主动拜访王次翁，恳请他教育子女。盛情难却，王次翁就开始设立学馆教学。由于他教书教得好，名气越来越大，因此不但当地的来向他求学，还有很多不远千里背着书籍行李来向他求学的。他的学生越来越多，遍及全国各地，真是桃李满天下。

王次翁虽然学问很深，可是毫不满足，仍锐意进取，后来他放弃了教学这一职业，又考进了京师太学学习。当时京师太学是全国最高学府，王次翁希望自己能在太学获得更多的文化知识。他进太学学习靠的是几年来教书积攒的一点钱交纳学费，然而学费很贵，外加自己的吃穿与零花钱，他教书得来的那点钱很难维持，只能节衣缩食，把省下来的钱用在买学习用品和书籍上。晚上，他连点灯用的油都舍不得花钱买，就到邻舍太学生的房间里与人家共用一盏灯读书。他一读书就是到半夜。人家困了，想休息，可是看他读书那专心致志的样子又不忍心撵他走，只好陪着他读。时间长了，两个人在学习上相互切磋，倒成了很要好的朋友。王次翁在太学毕业以后，终于考中了第一名进士。

岳飞苦读

眼前多少难甘事，自古男儿当自强。

——李咸用

岳飞（1103～1142），字鹏举，相州汤阴（今河南汤阴县）人。岳飞小时因遭水灾，家里一贫如洗，全家依靠母亲做针线活，纺纱织布，赚得几文钱，糊口过日子。

家境虽然贫寒，岳飞却酷爱读书，在母亲的教诲下，他白天上山拾柴时就抓紧空余时间读书写字。晚上没有油灯，就把白天拾来的枯柴，点起来照明诵读。无钱买纸笔，他就把路边的细沙弄回家来铺平当纸，用树枝作笔，一笔一画地练习写字，写了一遍抹平又写，反反复复从不厌倦。

岳飞很聪明，又很用功，贫穷砥砺了他的志气，学习启发了他的智慧。没有多久，他文才大进。母亲看见岳飞聪明敏锐，说不出的高兴，就到附近的私塾里去找老师，宁可自己省吃俭用，也要给岳飞交学费，让他到学校深造。岳飞得到了学习的机会，苦读了几年书，学问增长很多。

岳飞十几岁时，家里实在太穷，只得停止读书，到一个大地主家去干活。那时，尽管农活非常繁重，日子艰难困苦，但是岳飞从不放弃练武和读书。

白天劳动之余，夜间休息之时，他就读书写字，有时甚至通宵不眠。他有很强的记忆力，不论什么书看了就会背。他无书不读，尤其是喜欢《春秋左氏传》和孙、吴兵法。岳飞通过勤奋地苦读，练就了一手好文章。他写的文章，思想细致，分析精密，判断力很强。他作的诗词，意气豪迈，感情充沛。他还练就一手好字，笔法纵逸，尤其擅长行书。

岳飞从小一边读书，一边练武。19 岁就能挽弓三百斤、弩八石。后来，在周侗老先生和著名枪手陈广的传授下，成为武艺超群的人物。

20 岁那年，他怀着抗击侵略者，收复中原的壮志从军，母亲在他背上刺了“精忠报国”的训词。后来，岳飞以自己的实际行动实现了这个誓言，成为南宋著名的爱国将领、历史上杰出的民族英雄。

程国彭著《医学心悟》

> 锲而不舍，金石可镂。
>
> ——《劝学》

程国彭字钟龄，安徽歙县黄山人。他是清代康熙、雍正年间一位医术高明而享有盛誉的医学家。

程国彭少年时体弱多病，每次生病都缠绵难愈，于是便对医学产生了浓厚的兴趣，但缺乏名师指导，主要靠自学。他刻苦攻读了多种医书，特别是对先代一些有成就的临床医学家的著作，更是认真钻研，手不释卷。他十分推崇东汉时代奠定中国临床医学基础的医学家张仲景，但也认识到作为一个医术高明的医生，应该博采众家之长，否则，容易失之于偏。因而他下工夫专门钻研金元时期的刘完素、李杲、朱丹溪等名医的论述，汲取了他们的学术专长和医疗经验，并结合个人见解予以综合分析，在数十年的医疗实践中，他治救了无数的病人。他在晚年编写了《医学心悟》这部浅显实用的临床著作，为普及临床医学做出了可贵的贡献。

《医学心悟》一书，共10万余字。首先分析介绍了医家治病所以产生误治的多种原因，指出学医者应如何掌握诊脉的要点，医生应如何通过望、闻、问、切四诊，明辨病症的八纲（即寒、热、虚、实、表、里、阴、阳）属性，并着重论述了治疗八法（汗、和、下、消、吐、清、温、补）。所谓八法，在历史上中国临床医学的奠基人——东汉张仲景是运用较早的一位，但当时还不够系统、完备，也没有“八法”的名称。经历了一千几百年的充实和发展，程国彭将八法的定义、辨证用法、治疗适应症和禁忌症以及如何掌握八法要领等，在紧密联系医疗实践的基础上予以阐释发挥，对于学习临症的医家有重要的参考价值。

程国彭还在《医学心悟》中列述了常见病症100余种，包括多种内科杂病、伤寒、疫病、妇产科病症，以及一些外科、五官科、口腔科病症，每种分别记述其病因、症候、诊断和治疗。全书的理论部分，论述简要，剔除了古说中的不少糟粕内容，病症分类清楚，选方切于实用，并有个人自拟的经验效方。其中如治疗各种咳嗽的止咳散，治疗眩晕的半夏白术天麻汤，适用于肺燥痰饮病症的贝母栝蒌散，治疗颈淋巴结核的消瘰丸，以及治疗闭经的泽兰汤等，都具有较好的疗病效果，后世临床医生颇多采用。由于程国彭是一位具有坚实理论基础和丰富临床经验的医学家，故其著作刊行后，不少医家用以作为教授门人弟子的教本。

作为一位医学家，程国彭之所以能取得显著成就不是偶然的。首先，他酷爱自己所说的这门学科，坚持不懈地认真钻研求索。在读书过程中，凡遇到难以理解的地方，他都牢记在心，不肯放过，昼夜不停地琢磨，当恍然大悟时就拿起笔记录下来。就这样，经历了30年，他才深觉医道精微。

他认为，思贵专一，不容浅尝辄止，学贵沉潜，不能浮躁涉猎。他还说："医生所做的事，是性命攸关的事，在技术上不可以不精，在思想上，不能不时刻怀着体恤患者的慈悲念头，在读书明理上。不达到豁然大悟，是不可以停止的。"由此可见，程国彭热爱医学，专心致志，固然是他取得成就的重要原因，但是，更重要的是他认识到医生肩负治病救人的重任，这也是他严谨不苟，钻研探索的深层动因。他对自己的学习严格要求，不满足于一般的理解，而要求达至大悟，他的医著也正是因此而命名的，这和一般寻章摘句，抄袭敷衍的作品是有本质区别的。同时他也善于读书，比如东汉张仲景的《伤寒论》，是中国最早的临床专著之一，全书有 397 法，113 方，历来被认为比较难读，更不容易贯穿理解。他在潜心探索十多年之后，将伤寒的病理总括为"寒"、"热"、"虚"、"实"四个字，并从四字引伸为八句："有表寒，有里寒，有表热，有里热，有表里皆热，有表里皆寒，有表寒里热，有表热里寒"。如果没有锲而不舍的钻研精神，如果没有较好的学习方法，是不可能从散论杂议中思索出如此精辟的见解的。

程国彭不仅自己勤学精研，也要求学生这样探索医学的奥秘。他有很多学生，他除了要求学生学好古典医学著作和了解主要医学流派的学术经验外，还言传身教，让学生和他一起给病人看病；晚上针对一天的学习和实践内容，辩疑解答。他正是毕生如一日地不懈追索，才成为有卓越贡献的一代名医。

王冕潜心绘荷画梅

> 士不可以不弘毅，任重而道远。
>
> ——《论语·泰伯》

元朝末期，出了个有名的画家王冕。

王冕从小好学，而家境贫寒。由于读不起书，只好帮着家里放牛。七八岁时，有一天他路过学堂门口，听到里面琅琅的读书声，心中十分羡慕，就偷偷溜进了校门，躲在窗外听老师讲课，听学生们读书。学生放学了，他脑子里还想着刚才听过的课文，竟忘记把牛牵回家。从此，他就经常在放牛的时候偷着去听课。有时候光顾听课，没有把牛拴好。牛到处乱跑，被别人送到他家，免不了向他父亲告状，说耕牛把田里庄稼踩坏了。父亲听了大怒，常常把他狠揍一顿，但每次打过之后，王冕还是照样去听课。

父亲不再阻止他了。家里省吃俭用，省下一点钱，让他到学堂买几本旧书来读。白天，他常坐在柳树下看书；晚上，没有钱买油点灯看书，他就到附近一个庙里，借着长明灯的光亮读书。由于他刻苦勤学，学问渐渐长进了。

这样过了三四年。有一年的黄梅季节，一阵大雨过后，王冕出去放牛。他坐在绿草地上，只见天空里镶着白边的黑云渐渐散去，透出太阳光来，照得满湖通红。湖边山上，青一块、紫一块、绿一块。树枝像洗过一样。湖里十来枝荷花、苞子上清水滴滴，荷叶上水珠滚来滚去。王冕看着这美丽的景色，心里想："古人说'人在画中'，真是一点不错。可惜我这儿没有一个画工，把这荷花画下来。"他转念一想："天下哪有学不会的事，我自己为什么不画它几枝？"

王冕看天色渐渐黑下来，就牵牛回家了。第二天，他托人到城里买了些胭脂、铅粉之类，学画荷花。开始画得不好，练了3个月之后，他画的荷花活像从湖里摘下来贴在纸上的那样。乡亲看他画得这样好，都争着来买他画的荷花。

当时绍兴城里有个叫韩性的老先生，听说王冕如此好学，感到十分惊喜，就收王冕为弟子，教他读书，王冕高兴极了。他从来没有看到过这么多成架的书籍，因此如饥似渴地读起来。到20岁的时候，他已经把不少天文、地理、历史和经书读得滚瓜烂熟。同时，他还继续学画，尤其喜欢画梅和竹，并且逐渐入门了。

由于勤奋好学，王冕的学识大有长进，在学友中的威信也越来越高。老师韩性去世后，同学们就把他当作老师。

王冕是个很有抱负的人。他研究过兵法，练习击剑，常常自比诸葛亮，想做一番惊天动地的事业。但是，参加过几次进士考试，没有考中，他希望干一番事业的理想也成了泡影。

后来，他教书、卖画攒了一些钱，雇了船，到江南一带做了一次旅行。在杭州，他欣赏了西湖的水光山色，也目睹了人民忍饥挨饿的惨状，尤其看到了南宋皇帝的坟墓和北宋诗人林和靖的坟墓被饥民所盗的情景，心情很不平静，增加了他对元朝黑暗统治的不满，于是写下了《江南民》《江南妇》《伤亭户》等反映劳动人民悲惨生活的诗篇。

王冕后来还做过一次远游，渡长江，过淮河，去大都。在大都，礼部尚书因为非常喜欢王冕画的梅竹，就想方设法把他留下来居住，还想请他做师爷，让他暂不回乡。

这次数千里的游历，王冕领略了祖国北方的风光，扩大了眼界，开阔了胸襟，他的画也进入了更成熟的境界。

王冕回到家乡，从此一直隐居在九里山，以种田卖画为生。他在园子里种上了千枝梅树，并把他的画室命名为梅花屋，自称梅花仙。他仔细观察梅花的生长过程，从发芽吐叶、含苞待放到万蕊千花，他都十分清楚，因而作起画来，各种姿态的梅花，在他的笔下总是一挥而就，栩栩如生。

他画的梅以密取胜，但密而不乱，多而不繁。他首创的“以胭脂作没骨体”的画法（不用线条勾画轮廓，而用胭脂打底稿），对后世影响很大。王冕还把自己画梅的经验写成《梅谱》一书，传给后人，留传至今。

赵孟頫苦练书画

志当存高远。

——诸葛亮《诫外生书》

在元朝100多年历史里，出现了许多著名的画家、书法家。其中最有成就的是赵孟頫。他在绘画上开创了一代新风，在书法上，篆书、隶书、楷书、行书、草书，样样精通，扬名天下。他是中国古代最有成就的书画家之一。这些成就的取得，是和他几十年如一日，勤学苦练，谦虚谨慎分不开的。

赵孟頫5岁读书，就开始练书法，几十年间，总是每天清晨起床，盥洗完毕后，开始练字。一天少则几千，多时要上万个字。早年他临摹隋朝和尚智永的《千字文》和王羲之的《兰亭序》，光《千字文》他临摹了不知有多少遍，真正做到了娴熟的地步。

有一位叫田良卿的书法家，从街市上买到一卷《千字文》，凭他渊博的书法知识，开始以为是唐人的书法，看到最后，才知道是赵孟頫写的。他拿了这卷《千字文》去请赵孟頫题字，赵孟頫如实写道："这是我几年前写的，没想到我随便练习的字，被人拿去卖钱了。"原来赵孟兆页广泛收集各种古帖，对各个书法家的字迹全都认真临摹。因此，他能吸收各家长处，融会为一体，形成自己独特的风格，被称为"赵体"。

赵孟頫写字十分讲究笔力，认为执笔要用千钧之力，方能写出有气魄的字来。他教自己儿子写字的时候，常常不动声色地站在儿子背后，突然抽他儿子手中的笔管。假如笔管抽不出来，他就高兴地笑了；要是笔管抽出来了，他自然很不高兴，还要对儿子加以责罚。

赵孟頫非常善于模仿各个时代书法家的字，有一次，他得到一卷北宋书法家米芾写的《壮怀赋》，可惜中间缺了几行字。于是他找来和原稿一样的刻本，临摹缺了的几行字。他反复写了六七张纸，总觉得不满意，不禁感叹道："今人的字不及古人多了!"只好用刻本中的字补了缺。其实赵孟頫在当时已经是赫赫有名的书法家了，可他还是这样谦虚谨慎，这是很值得学习的。

赵孟頫从小爱画马，就是拾到一张废纸，也要画一张马才把它扔掉。他画的马，就像活马一样，千姿百态、栩栩如生。他也爱画梅竹、山川，他画的梅竹使人有清高的感觉。他作起画来，起先好像漫不经心，在纸上点点染染，渐渐地在纸上出现了山水、树木，最后一幅精美绝伦的画绘成了。

赵孟頫在世的时候，他的书画就已经是十分珍贵的艺术品了。当时有不少人模仿他的作品。他的作品不仅在国内享有盛名，也为外国人所喜爱。

印度有个和尚，不远万里来到中国，请求赵孟頫为他写字。后来，他把赵孟頫的字带回印度，也成了他们国家的艺术品。

孔尚任写《桃花扇》

三更灯火五更鸡，正是男儿发愤时。黑发不知勤学早，白首方悔读书迟。

——颜真卿

孔尚任是孔子的64代孙，他年轻时就喜欢搜集南朝时的故事。他的族兄孔才训和舅翁秦光仪曾在南京做官，对南朝朝廷的内幕比较熟悉，他就登门拜望，并请求他们讲讲南朝的趣闻轶事。在交谈中，秦光仪给他讲了“李香君血溅桃花扇”的故事。大意是：秦淮名妓李香君，与复社文人侯方域相好。定情之后，侯外出。奸臣阮大铖为了报复复社文人，就怂恿马士英派人抢娶李香君送给田仰。香君不从，倒头撞地，血溅定情纸扇。有人见扇上几点血痕，红艳非常，就用笔点染成几枝桃花，遂名“桃花扇”。

孔尚任听了，很受感动，又详细询问了李香君与侯方域的爱情遭遇，以及南朝小朝廷的趣闻轶事，才告辞回家。

孔尚任对李香君的故事久久不能忘怀，决定写部《桃花扇》的剧本，并开始动笔了。

后来，孔尚任被派往江苏沿海一带，担任治水的小官。这是件苦差事，但对他创作《桃花扇》却起了不少的作用。

在治水过程中，他又深入了解了扬州、南京这两座名城的历史，游历了这两个城市附近的许多城池和古迹；看过秦淮河上李香君“眠花”的旧院。同时他还结识了许多不与清朝统治者合作的人，他们有的是南明灭亡的目击者，有的是南明政治活动的人，有的也是侯方域的好友。这对南明的兴亡有了深刻的了解。孔尚任从他们口中，访问到许多可靠的史料，成为他后来写《桃花扇》的第一手资料。此外，由于他亲眼看见了南京、秦淮和扬州的景物，所以在《桃花扇》里，他描写的三地景物也就十分逼真，富有吸引力，使读者如身临其境。

治水3年后他重新回到北京，这时他对官场生活已深感厌恶，虽还继续担任官职，但大部分时间却用来埋头创作。常常到三更半夜，他还在一字一句地反复推敲。

孔尚任在写《桃花扇》的时候，桌上总是摆一把用山东特产“鲁缟”制的扇子，素洁的扇面上画着几枝粉红色的桃花。他时而沉思默想，时而起立揣摩，总是不时凝望着这扇面上的桃花。他似乎感到剧中的人物李香君、柳敬亭、侯方域等都一个个来到了眼前，虽然剧中人物繁多，事件纷杂，但看到这把桃花扇，又似乎感到有个中心。他把这些事件都用桃花扇串了起来。

即使是寒冬腊月，窗外西北风呼呼地吹着，漫天的大雪纷纷扬扬地下着，他趴在书桌上写作，常常不知不觉就进入剧中。写到这把扇子的时候，他就情不自禁地拿起它端详一番，扇上一阵。扇的时间一长，感到冷了，他这才意识到自己又入迷了，拍拍脑瓜笑笑，又继续埋头写了下去。

当他写得十分兴奋的时候，就把扇子折起来，连连轻敲着自己的腿。当反复吟诵那剧本中的唱段时，他也往往轻轻地有节奏地用扇子敲着桌子。

有一天，他的同族举人孔尚铉进来看他，见他在大雪飞舞的严冬季节，手里还不停地摇着扇子，便感叹地说：“窗内窗外两个季节，您手里摇着桃花扇，笔下写着《桃花扇》，真是如痴如醉，呕心沥血啊！”

1699年，《桃花扇》正式脱稿。可是，两袖清风的孔尚任没有钱刻印这部稿子，只好抄了几个副本保存着，所以这部名著在相当长的一段时间里没有刻印本流传。直到1708年，天津著名诗人佟蔗村看到这个稿本，非常喜爱，出了50两银子，才把《桃花扇》正式刻印出来。

魏源与《海国图志》

> 桃李不言，下自成蹊。
>
> ——史记

魏源是近代中国睁眼看世界的一位先驱者。他积极收集西方资本主义国家的情况，编撰《海国图志》。他探讨清王朝衰弱和西方国家强盛的原因，提出强国御侮的办法，是一位成绩卓著的爱国思想家。

魏源，字默深，1794年出生于湖南邵阳的一个官宦之家。1822年中举，在诸子百家、史地方面很有自己的见解。1826年，他受江苏布政使之聘，协助编辑《皇朝经世文编》，并参与筹议江西省的漕粮、水利等问题，后来又以内阁中书舍人候补，有机会广泛阅读各种典籍文献，林则徐与他交往甚深，非常器重他，推荐他为两江总督裕谦的幕僚。

1841年8月的一天黄昏，魏源在镇江码头又与好友林则徐重逢了。原来林则徐因鸦片战争遭贬革职，在被发配到新疆的途中，暂时在镇江停留，要与老友一叙。在魏源的住处，两位好友畅谈国事，互相勉励，抒发对民族忧患的悲愤之情。林则徐说："这次我在广东抗英，深感洋人得势的重要条件是船坚炮利。要反侵略、必须了解敌情，只有知己知彼，才能百战不殆"。接着林则徐打开一个布包，捧出一大捆书报，交给魏源，语重心长地嘱咐道："这是我在广东时派人从海外书报上译辑的全部材料，如今我将远去，不知何日才能返回，这些东西就交给你吧！望你能编写一种介绍海外各国情况的书，以使国人广开眼界，悟其御侮之道。"在这材料中有《华事夷言》《四洲志》《各国律例》等，对于了解西方各国的政治、军事、经济、史地，都很有参考价值。

魏源珍重林则徐的重托，并在林则徐的启发下认真地思索起来。在林则徐提供的材料的基础上，他还广泛地收集更多更新的资料。1840 年 7 月，定海第一次被英军占领，侵略军为了进攻内地，派出人员刺探军情，绘制地图。一天，一名英国官员安突德正偷偷地在定海附近测绘地图，被当地老百姓抓获，扭送到宁波知府衙门。一个在知府衙门的友人，把这消息告诉了魏源。魏源立刻赶到宁波，亲自审讯安突德。安突德详细地交待了英国的对华意图和兵力部署、武器性能，还对英国的政治、经济、历史、地理等情况作了交待。审讯的结果，使魏源得到了大量资料。他以此为基础，旁证博引其它见闻，编写成《英吉利小记》，并把它作为《海国图志》的一部分。

魏源从收集的资料中，看到了西方的先进技术，结合鸦片战争失败的现实，认识到西方的枪炮比中国高明，这在中英战事中已被证实。而朝廷的达官贵人饱食终日，夜郎自大，嘲讽西方技术是“奇技淫巧”、“形器之末”，这是多么可笑！在他看来，不学习先进的东西，就永远落后、挨打。只有向西方国家学习先进技术，中国才能走向富强。为了让中国人睁开眼睛看世界，魏源勤奋地伏案写作。

1843 年初的一天，魏源写完了最后一页。共 50 卷的《海国图志》凝结着魏源的心血，作为当时东方各国人民了解和抵抗西方的第一流的宝贵典籍，就这样诞生了。

在《海国图志》中，魏源完整地提出了“以夷攻夷”和“师夷之长技以制夷”两大反侵略的鲜明纲领。“以夷制夷”就是利用西方各国之间的矛盾，使其互相制约；“师夷之长技以制夷”，就是学习西方先进技术为我所用，反抗西方各国的侵略。他还针对封建统治集团的腐败无能，提出改革内政的主张，为抵抗侵略、拯救祖国的中国人民指明了方向。

1844 年，美国、法国效法英国，强迫清政府签订中美《望厦条约》和中法《黄埔条约》，其他各国也纷纷接踵而至，获得了英、美、法同等的权利。目睹西方各国加速瓜分中国，魏源的“师夷之长技以制夷”的思想日益强烈，深感《海国图志》50 卷本的不足。于是，他广泛收集材料，进行了增补。增补的内容大多是对西方先进科学技术的介绍，如火轮船、地雷、水雷、望远镜等器械的制造和使用方法，并附有更多的插图，以便了解、制造和使用。1852 年，魏源将《海国图志》增补成 100 卷。百卷本《海国图志》大量地介绍了美国、瑞士等资本主义国家的民主政体. 并给予高度赞扬，他已认识到，西方国家的资产阶级民主政体比中国封建君主专制政制进步。

《海国图志》的问世，标志着中国近代最早的进步思想家，找到了救国的新方向。《海国图志》不胫而走，受到进步人士的好评，对我国近代的反侵略反封建运动产生了很大作用。

《海国图志》传入日本，也被介绍到西方。日本思想家纷纷争读，并把它奉为“海防宝鉴”，在日本的明治维新的改革运动中，起到了相当重要的作用。

李贽老年更加勤奋

志小则易足，易足则无由进。

——张载《经学理窟·学大原下》

李贽（1527～1602），号卓吾，泉州晋江人。他是明朝一位富有战斗精神的思想家。

李贽幼小时，家境贫寒，但刻苦好学。由于他治学认真，意志顽强，终于获得了渊博的学识。

他主张读书人要有“超然志气，求师问友于四方”。他到北京的时候，已经是个年迈老翁，听说澹园老人焦竑对《易经》很有研究，就去拜访焦竑说：“您允许我做一个老门生吗?”焦竑比他年轻了 15 岁，听了这话非常感动，于是就和他结成了好友。李贽跟着焦竑学习《易经》，每天熟读一卦，直到深夜才肯休息。

经过3年刻苦努力，终于把《易经》中的六十四卦读通。

李贽59岁那年，把家属送回福建老家去，自己单身来到湖北麻城，靠朋友的帮助，在龙潭的芝佛院（寺院）定居下来。照一般人看来，到了这个年龄，已经年老力衰，无所作为了。但李贽却正是从这个时候开始专心攻书，发愤著作。寺院里比较清静，食宿也不必发愁，李贽就朝夕苦读。从儒家经典到佛教经文，从史书到杂说，从诗词到曲赋，无所不读。他把读书当做最大享受，完全忘记了自己身在外乡，孤身一人，年岁已老。

在他70岁那年，他写了一首《读书乐》的四言长诗，最末两句是“寸阴可惜，曷敢从容！”意思是说，每一寸光阴都是宝贵的，怎么能够随便放过呢！

白发苍苍的李贽，在芝佛院住了10年。他每天手不释卷，伏案苦思，丹笔批书，墨笔著作，笔不停挥，写下了30多种著作。其中最著名的两部书《焚书》和《藏书》，公开地向封建礼教和道学思想提出了挑战。人们称颂他写文章不循世俗之见，而是发表自己独到的见解，文章深刻、透彻、严肃，具有难能可贵的独创性和反抗精神。

女诗人李因苦学勤练

古之立大事者，不惟有超世之才，亦必有坚忍不拔之志。

——苏轼《晁错论》

在中国古代，著名的女诗人犹如凤毛麟角，是屈指可数的。那些有成就的女作家，大抵都要经过一番比男子更刻苦的努力，李因就是明朝后期一位苦学成名的女诗人。

李因出身于贫寒之家。在封建社会里，女孩子最要紧的是学会针线活和打扮自己，至于读书写字，除了富贵人家的小姐以此来消遣解闷外，穷人家的女儿是很少学习的。再说，女孩子也不能进学堂，赴场考试。李因从小就和别的女孩子不一样，她喜欢读书，不喜欢涂脂抹粉，打扮自己。只要一有空闲，就立刻抓紧时间读书写字，作诗绘画。

李因的家里很穷，买不起纸墨笔砚和灯油。为了学习，她想出许多办法来克服困难。她在每天早上打扫房间的时候，总要先在积有灰尘的桌子上练一会儿字，然后才用抹布把灰尘擦掉。

秋天，柿子树的叶子发黄凋落，李因就把黄叶子扫起来，一筐一筐地留着，当做写字用的纸。夏日的晚上，李因捉来许多萤火虫，把它们放在蚊帐里，依靠它们发出的亮光读书。

李因读书，简直到了废寝忘食的地步。她的父母对她说："你这样不分白天黑夜地读书，迟早是要苦出病来的。"李因总是说："不会的，真的不会的。"她母亲仍然不放心，规定她只许白天读书，一到天黑就督促她去睡觉。可是，李因在床上翻来覆去睡不着。

有一天，她突然想起一个办法来：睡觉之前，把火炭事先埋在灶灰里，然后才去睡觉。等父母睡着以后，她掀开被子，悄悄地爬起来，轻手轻脚地摸到厨房里，把埋在灰里的火炭扒出来，带到自己的屋里，点燃蜡烛……

为了防止光线射出去，被家人发觉，她就用衣服、被子把窗户遮住，然后偷偷地读起书来。一直到感觉疲倦的时候，才去睡觉。就这样神不知鬼不觉地夜读了很长时间，她十分高兴。

由于李因好学不倦，10岁时就能朗读《诗经》《尚书》，而且过目成诵，不漏一字。李因还从小养成了写读书笔记的习惯，每天都要写几千字的笔记，寒暑不辍。

李因17岁时，便嫁给了光禄寺少卿葛征奇做妾。离家出嫁那天，她陪嫁的东西是装满了几大箱子的书和读书笔记。

本来，在当时的那种条件下，女子结了婚以后，往往因生儿育女和繁重的家务而放弃了自己的学业。李因却不是这样，结婚以后学习的兴趣仍然很浓，而且照样那样勤奋。

李因的丈夫官职常常变动，李因也就常常跟着他到处奔波。在旅途中，李因不论是坐在船上，还是骑在驴背上，都随时随地抓紧时间读书作诗。她的诗集《竹笑轩吟草》和《续竹笑轩吟草》收入的260首诗，大多数是在旅途中写的。

李因生长在封建社会里，那时候女子是没有什么地位的，尤其像李因这样一个家境贫寒、身为“待妾”的人，更被人们所轻视。可是，由于李因刻苦读书，并获得了一定成就，人们却很敬佩她。当时，她丈夫家乡的地方志上，为她作了传记，并把她的诗编成集子出版。

陈际泰年少读懂《尚书》

有志不在年高，无志空长百岁。

——石成金《传家宝·俗谚牧民》

明朝末年临川有个文学家陈际泰，与当时的文学家艾南英齐名，文章誉满天下。他才思敏捷，一天能作23首诗，一生赋诗数以万计，是当时文坛有名的高产作家。

陈际泰幼年时家很穷，父亲务农为生，他家祖祖辈辈就从没出过一个读书人。陈际泰先天聪明，虽无家学熏陶，然而却喜欢读书学习。他看见邻居家的孩子拿着书本上学读书非常羡慕，请求父亲送他上学，然而家里没有钱交学费，因此父亲不允许他去。怎么办呢？别看陈际泰年纪小，可是个有心计的孩子。他与邻居家一个读书的孩子交上了朋友，每天等那个孩子放学了，陈际泰就背着父亲偷偷去他们家学习，看他的读本，不认识的字就让那个小朋友教他，陈际泰就是这样如饥似渴地学习文化知识。

有一次，他去表兄家做客，偶然发现表兄家有一本《尚书》。这本书的四角都已经磨秃了，而且封面与前面几章已经丢失了，然而陈际泰却如获至宝，请求表兄把书借给他，表兄爽快地把书送给了他。陈际泰把这本《尚书》带回家之后，他手不离书，看了一遍又一遍，终于弄懂了文义。《尚书》古奥艰深，许多读书人都望而却步，而一个10岁的孩子竟然能自学弄通它的大意，这的确是一件十分了不起的事情。

还有一次，他到邻居家去玩，看到一本《诗经》放在坛子口上当坛盖用，心痛得不得了，就拿回家去阅读。父亲看见了很生气，骂了他一顿，又督促他到田里干活。到了田里之后，陈际泰又从怀里把《诗经》拿出来，找到一个高岗坐在那儿如醉如痴地看起来。就这样，陈际泰通过艰苦自学，终于在12岁那年通过乡试，而于崇祯七年即他16岁时中了进士，以后又成为文坛上的佼佼者。

戴敦元一月读尽室中书

凡古来能成大事者，必其自胜之力甚强者也。

——谭嗣同

戴敦元是清初著名学者，浙江开化人。他小时候就非常聪明好学，每天手不离书本，有时看书竟然忘了吃饭睡觉，简直成了书迷。

一次，他到舅舅家去，发现舅舅家有个书房。书房里的书可真多啊！很多是自己从来没见过的。戴敦元在书房里翻翻这本，看看那本，舍不得离开。一会儿舅舅来了，他就恳求舅舅留他住下来，他要把这些没看过的书统统看一遍。那时戴敦元才6岁。舅舅非常喜欢这个勤奋好学的小外甥，于是就爽快地答应了他的要求，并在书房里给他准备了一张小床，供他休息时用。

戴敦元于是就在舅舅家的书房里住下来，早晚不离开书房一步。早晨天还没亮，就从床上爬起来，点上油灯看书；晚上，一直读到夜里三更左右，还不肯休息。舅舅看着小外甥这样用功学习，又喜欢又心疼，有时就到书房里来催他早点上床睡觉，可是等舅舅一走，戴敦元又从床上爬起来，重新点起灯来读书，舅舅拿他也没有办法。就这样，戴敦元在舅舅家整整住了一个月的时间，当他读完了书架上的最后一本书以后，才与舅舅告别回家。

由于戴敦元勤奋好学，10岁就被举为神童。当时学政彭元瑞给他出作文题，而戴敦元的文章做得典雅得体，竟然可以与当时一流的学者文章相媲美；彭元瑞又对他面试，戴敦元是有问必答，对答如流。学政彭元瑞非常喜欢他，认为他将来必定会成为国家的栋梁之才，并鼓励他继续认真读书。从此戴敦元读书更勤奋了，在15岁那年，他就经过乡试考中了举人，以后又在乾隆五十五年中了进士。

方以智好学勤记

三军可夺帅也，匹夫不可夺志也。

——《论语·子罕》

方以智，字密之，号曼公，安徽桐城人，是明末清初的唯物主义思想家和爱国主义者。他精通哲学、自然科学、文学、医学等许多门科学，一生写下了不少著作，现存的就有28种之多。这些著作，大部分是在他的读书笔记的基础上充实发展起来的。

从少年时代起，方以智就好学勤记。每读一本书，遇到自己特别喜爱的篇章、片段或警句，他就用卡片抄录下来，反复吟读10余遍，然后把它贴在墙壁上。这样，每天都要抄上十几段至少也有六七段。每当读书作文告一段落，在房中散步的时候，他就借此机会再看看、读读墙上的那些篇章、片段。方以智给自己立下一条规则：每天必须有计划地把墙上内容从旧到新地读上三五遍，直至滚瓜烂熟，一字不漏为止。四周墙壁都贴满了，就把前两天所贴的收下来，藏到书笼中，再把当天刚刚抄录的，贴补在空白之处。这样，每天收下一批，又补上一批，从未间断过。他用这种办法积累了上万段精彩的文字，为以后写文章打下了坚实的基础。

除了用此方法外，他还勤于记读书笔记。每读完一本书，他都要写很详细的读书笔记，记录自己的心得体会，摘录书上重要的文句，常常一天要写十几条或几十条。他的笔记本很多，有的用来记录为人处世的道理，有的用来记录自然科学知识和社会科学知识，有的用来记录地方上的风俗习惯和奇闻轶事，有的用来记录奥妙的哲学道理。每隔一断时间，他就要整理一番，分类归纳，编出索引，以备查阅。

方以智写读书笔记很认真，不仅字写得端端正正，而且还特别详细。他为了研究一个问题，常常要翻看许多书，搜集许多民间生活材料，直到把问题彻底弄清楚为止。

有一次，方以智为了研究明朝以前人们住的房屋、用的器具和穿的衣服，就翻阅了 70 多种书，还访问了许多老年人，终于把这些方面的问题弄清楚，写出了很详细的研究报告。他经常不断地写笔记，右手握笔的部位都长满了厚厚的老茧，以致老茧最后竟凸起很大一块，朋友们都戏称这为“六指”。

他的读书笔记博及群书，考据精确，这对他后来的写作帮助很大。方以智的著作《通雅》，曾获得世人很高的评价。

练恕写史

富贵不能淫，贫贱不能移，威武不能屈。

——《孟子·滕文公下》

练恕（1821～1838），字伯颖，广东连平州（今连平县）人。他 16 岁就成了清代著名的史学家。

道光元年，练恕出生于一个书香世家。父亲练廷璜是一位重视读书且颇具文采的地方官，练恕7岁就随父亲到江浙读书。练恕聪敏过人，学习刻苦。9岁读完了“五经”，又开始攻读各种史学名著和诸子百家著作。13岁时，已经精通了13种经书，以及《史记》《汉书》《后汉书》。这时，他已能用文言文流畅地写文章了。14岁时，练恕又遍览了中国编年体历史巨著《资治通鉴》。这部巨著共354卷，上至周威烈王、下迄五代后周世宗，共记述了1362年的史实。这部巨著能载一车，14岁的孩子能遍览，实在令人惊叹！

那时，读书做官是一般文人的必由之路，父亲希望他早习应试文章，好金榜题名、光宗耀祖。练恕却不愿为科举而死读书，立志献身于祖国的史学大业。

15岁时，练恕染上了“咯血疾”（肺结核）。父亲命他放弃学业，安心养病。他却常常躲开父亲，把书带到僻静的地方，一看就是12个小时。练恕读书，不是死记硬背，而是独立思考。遇到疑义，便找来其他的书比较对照，把正确的结论记在纸上。

勤奋和天才使练恕治学的效果远远超过常人。他的汉唐史学功力，已超过了一般宿儒。父亲用《史记》《汉书》中的事件考他时，他能对答如流。人们谈论史学时，只要有误，他就立即指出。一次，父亲读沈东甫的《新旧唐书合钞·序》，念到“刘司徒”怎样怎样时，练恕立即插言说：“‘司徒’是‘司空’之误。因为刘司空的名字叫刘昫，生前只做过司空。”父亲不信，就拿来《五代史·刘昫传》查看，果然是练恕说得对。练恕爱和父亲的同僚们一起讨论学术问题，并能言中要害。父亲的同僚们自叹：“廉颇老矣！”

翻开《二十五史补编》，署名练恕的著作就有四种。令人难以置信的是，这些与史学大师并列的专著，竟会出自一个十几岁的少年之手。练恕从11岁便开始编著《后汉公卿表》，寒暑不辍，总共三次易稿。他15岁患病的时候，又写出《五代地理考》等三部史书。他还有两种未收入《二十五史补编》的历史专著和杂文11篇，也无不闪烁着智慧的火花。

16岁时，练恕肺病复发，吐血不止。父亲强迫他停止著述。

以后，他的病情日趋恶化。道光十八年5月，练恕在他父亲所在的上海县署病逝，年仅18岁。

练恕虽然匆匆离开了人世，却留下了勤奋的思考，留下了智慧的火花。

华蘅芳自学成为数学家

人固有一死，或重于泰山，或轻于鸿毛。

——司马迁《报任安书》

清代末年，江苏无锡出了一个著名的数学家，他的名字叫华蘅芳。

他7岁的时候，鸦片战争爆发了。鸦片战争的炮声，使一些人的思想受到很大震动，逐渐地感觉到了学习先进科学技术的重要。在他幼小的心灵里，也发出了读“四书五经”到底有什么用的疑问。

少年的华蘅芳立志要探求新知识。可是，当时整个中国没有一所传授新知识的学校，华蘅芳到哪里去寻求新知识呢？只有自学。他从徐寿那里借来《算法统宗》。此书专门讲述中国珠算演算的算理和方法，共17卷。华蘅芳只借到一卷，却如获至宝，激起了他学习数学的兴趣，朝夕研读。

为了获得新知识，他不畏艰难，在没有老师指导的情况下，硬是闯过了一个个难关，把这本书弄通了。这次学习，使华蘅芳尝到了学习算学的一些甜头。他觉得，在算学里边有深奥的学问。从此，便把注意力集中在钻研算学上。

16岁那年，华蘅芳偶然在父亲的乱书堆里发现一本画有各种图式的旧书，便好奇地拿起来翻阅。原来是清朝以前刻印的一本中国古算书，缺头少尾，字迹模糊不清。即使这样，他也非常珍惜，终日废寝忘食，在房中苦心研读。只用了短短几个月时间，就领会了这本古算书残卷的全部内容。华蘅芳不仅搞通了古算学的珠算解题法，而且领略了一些古算理。他觉得算学有明显的实际用途，更加坚定了他钻研算学的志向。

他先后学习了《周髀算经》《九章算术经》《孙子算经》《王曹算经》等许多种中国古代算术。这些算书，都是历代流传下来的中国古代算学名著。这么多书，又这么深奥，从何学起呢？他决定抓住重点，各个击破，一个问题一个问题地解决，逐步攻下古代算学这个堡垒。从 16 岁到 19 岁，华蘅芳几乎足不出户，每天伏案沉思。对上自秦汉下至明清时期的中国古代大量算学著作，他进行了比较全面、系统的学习和钻研，从中吸取了丰富的营养，向近代数学新的至高点攀登。

华蘅芳开始向近代数学探索，可是他再也找不到这类参考书了。正在他十分苦恼的时候，听说上海有个数学家正同外国数学家伟烈亚力合作，翻译国外科学著作。这对华蘅芳来说，太有吸引力了。他急忙来到上海，借来了已经译出的《代微积拾级》手稿，在旅馆逐字逐句抄录下来。他心里有说不出的愉悦，下决心一定要把这部外国算学著作的奥妙探索明白。

华蘅芳经过多年的探索，在吸取我国古代算学遗产的基础上，终于登上了世界近代数学的至高点，积跬步至千里，成了当时中国著名的数学家。

任弼时为中华新生而学习

咬定青山不放松，立根原在破岩中。千磨万击还坚劲，任尔东南西北风。

——郑燮《题画·竹石》

任弼时（1904～1950）湖南湘阴县人，伟大的中国无产阶级革命家，中国共产党卓越的领导人之一。

任弼时从小爱学习，四五岁的时候，就在父亲的指导下开始练习写字。他还非常喜欢父亲给他讲历史上志士贤人勤学、勇敢和爱国的故事。

他 7 岁进入初等小学学习，学习很刻苦。9 岁时，曾写过一篇《自立》的作文，文中说："世界之人，皆以自立为要。吾国四万万同胞，欲保国家，非自立不可。"他从小就立下了为中华新生、独立、富强而学习的志向。

1920 年，赴法勤工俭学的热潮在全国掀起之后，任弼时与毛泽东在长沙领导的革命组织——俄罗斯研究会取得了联系，从研究会中了解到十月革命后俄国的一些情况，心中暗暗激起了对无产阶级革命圣地的向往。任弼时决定去俄国勤工俭学。

任弼时到俄国后，进入了斯大林东方共产主义劳动大学学习，集中学习马克思主义，学习十月革命经验。他学习非常认真刻苦，出了教室，就走进图书馆。为了尽快精通俄文，他常常找到俄国同学交谈，以纠正自己在语法、语音方面的差误。这样学习一段后，他就能直接听俄文教师讲课和阅读俄文报刊书籍了。他读书不是死记硬背，而是注意掌握书刊的基本精神和内在联系，剖析知识的重点、难点和特点，全面的评估和进行有效的消化理解；他善于捕捉书籍中的精髓、要旨和特色之处，思维灵活、敏捷、开阔，常常有新颖而独特的理解体会。

他不仅自己努力学习，还热心帮助其他同学，经常利用星期天去给俄文差的同志补习功课。张太雷对任弼时这种治学为人的精神推崇备至，瞿秋白也由衷地赞扬任弼时是一个诚实而用功的学生。

任弼时在东方大学学习马克思列宁主义，注意联系中国社会的现实和革命的实际，经常思考中国革命的前途问题。

1924 年，20 岁的任弼时从俄国回到上海，参加了团中央的工作，从事党和团的基层干部的训练工作，亲自给学员讲授共产主义 ABC。因为他讲课理论联系实际，深入浅出，很受学员的欢迎。他运用马克思主义研究中国的工运和青年问题，积极组织青年们投入反帝反封建的"五卅"运动，并且撰写了《上海五卅惨案及中国青年的责任》等文章，无情地揭露了帝国主义的反动暴行，总结了中国青年运动的历史经验。

齐白石不教一日闲过

只有知识才能构成巨大的财富的源泉。

——左拉

现代书画家、篆刻家齐白石出生在湖南湘潭县一个贫苦的农民家庭。因为家里生活困难，根本没有钱供他上学，白石9岁时就在家里帮着挑水、种菜、砍柴、牧牛。他曾跟外祖父学过小半部《论语》，识了不少字，放牛时，他常把书挂在牛角上，抽空自学下半部《论语》，遇到不认识的字，就趁放牛之便绕到枫林外祖父家请教。不满13岁那年，由于生活所迫，他开始学木工，外出谋生了。

10多年过去后，25岁的齐白石越发感到读书的重要性，于是开始了艰苦的自学。他不仅学画，而且对写诗、书法和篆刻也很感兴趣。他学刻图章，没有钱买印泥、石头，就用蓖麻油调上石黄、章丹末代替印泥，利用家乡的础石块做石章，刻了磨平，磨平了再刻，房间的东边湿了，就移到西边继续刻；西边湿了，再移到东边。

这坚硬的础石磨砺了齐白石的意志，他的篆刻艺术也在磨炼中不断长进，他治的印雄浑、洗练，独树一帜。渐渐地，他的篆刻艺术达到了炉火纯青的境地。当时就有人称赞："白石刻印，其刀直下，长可一寸，深可半米，立时崩裂，风驰电掣，俄顷而成。"

齐白石在学画过程中，既尊重先师，但又不因袭先师。他40岁的时候，感到自己的作品缺乏个人风格，而出路就是从只讲形式不求传神的束缚中解放出来。于是他开始游历南北各地的名山大川，以扩大视野，开拓心胸。

57岁那年，老而弥壮的齐白石宣布要“变法”：“余作画数十年，未称己意，从此决定大变，不欲人知，即饿死京华，公等勿怜，乃余或可自问快心时也。”这就是齐白石著名的“衰年变法”。通过“变法”，他的画技产生了一个重大的飞跃。

齐白石是以勤奋著称的。自开始作画生涯起，他每天清晨4时起床，冬天也不超过6点，晚上9时前后入睡，从早到晚不是默坐构思，就是伏案挥毫。到了晚年，眼睛不行了，他戴着两副眼镜照样工作。有人给他做过统计，他平生只有几次大病和心情欠佳时没有作画，事后也总要补上。

有一次，因心情不好，停下画笔，第二天补画时题字道：“昨日大风，未曾作画，今日作此补足之，不教一日闲过也。”由于他十分珍惜时间，齐白石从57岁到66岁，仅这10年间就作了1万多幅画，刻了3000多枚图章。

艺术创作上的杰出成就，使齐白石在国内外享有盛誉。他曾荣任全国人民代表大会代表、中国美术家协会主席、中国画院和中央美术学院名誉教授。1955年荣获国际和平奖金。

老舍奋发写作

天行健，君子以自强不息。

——《周易》

老舍（1898～1966），原名舒庆春，字舍予，北京人，我国著名的现代小说家、戏剧家。

他出身贫寒。1900年，他刚1岁，八国联军攻打北京，父亲在侵略者的炮火下丧生。母亲拖着5个孩子靠给别人洗衣、做活养家度日。

老舍7岁那年，靠一位乐于行善的大叔才进了私塾，开始他的学生生活。后来靠他苦读勤学，考上免费供给膳宿的北京师范学校。

1921年，他进英文夜校时认识了一位英国教授，又跟着这位教授补习英文。25岁时，他被推荐去伦敦大学东方学院当讲师，教英国人学中国普通话和“四书”。他在伦敦先后和一位作家及一位翻译家住在一起。他看见他们不论白天夜晚，总是写个不停。一向爱好文学的老舍想，自己念过唐诗宋词，读过许多小说和新文艺作品，又能唱京戏、昆曲，也写过小说习作，又有满肚子的苦汁，何不吐出来？我要大声呐喊！他下定决心拿起笔，利用课余时间和假期，开始了小说的创作。

凡事开头难。尽管过去他也写过论文，写过讲演稿，可正式要写起小说来，并不那么容易。在远离故土的英国伦敦，他怀念祖国，思念家乡，回忆往事，创作的冲动激励着他勤奋苦练，边学边写。他想：“十成不能则五成，五成不能则一成半成，灰心则半成皆无。生命断矣！”他还想：“纸篓子是我的好朋友，常常往它里面扔弃废稿，就一定会有成功的那一天。”

终于，他熬了整整一年写出了第一本小说《老张的哲学》在国内发表了，他快活得要飞起来了。接着，他又写了三本小说。

1930年春回到祖国后，老舍应聘担任了齐鲁大学的教授。从这以后，他在教书的业余时间写作，每年寒假、暑假，是他写作的最佳时期，不管外界有多少诱惑力，也不管条件有多么困难，他天天坚持写作。从开始写小说起，他一连10年都没有歇过夏。

有一年暑假期间，山东济南遇上了奇热，小孩整天哭号，吃不下奶；大人一个劲儿地喝水，吃不下饭。当时老舍正忙着写一本书。他坐在小桌前，左手挥扇打苍蝇，右手握笔写稿，汗不停地流着，不一会儿汗水就顺着手臂流到了写字的纸上，他便把毛巾垫在肘下当吸汗器，坚持写作。他规定自己每天必须写好2000字，否则决不罢休。

不久，老舍离开了教学岗位，成了专业作家，他更是夜以继日地写作。实在疲倦了，就朗读外文小说，调剂调剂精神。老舍的辛勤耕耘，果然结出了硕果。在山东7年间，他写了6部长篇小说，40篇短篇小说。

这以后，老舍在抗日战争期间，又写了《四世同堂》等2部长篇小说，7部话剧，出版了1部长诗集、1部曲艺作品集、2部短篇小说集。新中国成立后，还写了《龙须沟》、《茶馆》等24部戏剧。

老舍成为我国写作最勤快、作品最多、国内外享有盛名的作家之一。他的许多作品，已经翻译流传国外。老舍用他宝贵的生命和丰硕的作品，证实了他甘当人民“文牛”的高贵品质和高风亮节。他为祖国为人民献出了自己的一切。

克尔的坚持

下界的苦味，我要一概承担。我要跟暴风雨奋斗，即使在破船中，也不张惶。

——歌德

克尔曾经是一个不错的新闻记者，他在一家知名的报社当记者，但他觉得做记者体现不了他的人生价值，他需要一个更有挑战性的职业，于是，他选择了广告业务这么一个职业。于是他辞去现有的工作，在同事和朋友诧异的目光中，来到另外一家报社，当了一个广告业务员。他对自己很有信心，向经理提出不要薪水，只按自己的业绩抽取佣金，经理当然乐意答应他的要求。

他从经理手里要了一份客户名单，但这份名单比较奇怪，上面每一个企业都是有实力的企业，但是在这以前，报社去的每一个广告业务员都无功而返。所有的同事都认为那些客户是不可能与他们合作的，但克尔并不这样认为。

每次当他去拜访这些客户前，克尔总是先把自己关在屋里，站在一个大镜子前面，把客户的名称和负责人的名字默念十遍，接着信心十足地说：“一个月之内，我们将有一笔大交易。”

他坚定的信心成为他成功的催化剂。仅在第一天，就有三个所谓“不可能的”的客户和他签订了合同；到那个星期五，又有两个客户同意买他的广告；一个月后，名单上只有一个名字后面没有打上勾。

第二个月，克尔在拜访新客户的同时，每天早晨，只要拒绝买他的广告的那个客户的商店一开门，他就进去请这个商人做广告，但是每一次这位商人都面无表情地说："不!"可是每一次，当这位商人说"不"时，克尔都不放在心里，然后继续前去拜访，就像拜访新客户一样。

很快又一个月过去了，连续对克尔说了60天"不"的商人突然有了兴趣与他交谈几句："你已经在我这里浪费了两个月的时间，事实上我什么也没有给你，我现在想知道的是，是什么让你坚持这样做?"

克尔说："我当然不会故意到这里来浪费时间，我是到这里学习的，你就是我的老师，我从你这里学习如何在逆境中坚持，事实上我们都在坚持。"那位商人点点头，对克尔的话深表赞同，他说："其实我不得不承认，我也一直在学习东西，你也是我的老师。我们都学会了如何坚持，对我来说，这比金钱更加宝贵，为了表示我的感激之情，我决定买你一个广告版面，这是我付给你的学费……而不是……我放弃坚持。"

在商人很有礼貌的"退让"下，名单上最后一个"钉子户"被拔除了。当他把划满勾的名单交回给经理时，经理顿时站了起来，向这位杰出的广告业务员表示敬意。他说："以你的能力，不应该继续做一个业务员，所以，我将向社长提议，专门为你成立一个部门。"

第三个月的第一天，以克尔为经理的广告二部成立了，30多个员工成了克尔的下属。在这里，克尔找到了一个最适合自己发展的全新空间。

当一个目标成为众人追逐的对象时，最能坚持的往往会笑到最后。在人们的生活和事业中，往往会因为缺少这种精神，而与成功擦肩而过。优秀的人总是坦然地面对一时的失利，然后一直坚持到胜利来临。

白手起家的贺拉斯

没有一次争取是一劳永逸地完成的。争取是一种每天重复不断地行动。人们必须一天又一天地坚持，不然就会消灭。

——罗曼·罗兰

“贺拉斯，你别再穿着那套邋遢的衣服进城了。我帮你到服装店订做一套新的吧，你应该穿得整齐一点。”斯德雷特先生说。贺拉斯·格里利仔细打量着自己的衣服，好像第一次发现它们破烂似的，他回答说：“谢谢你，斯德雷特先生，我父亲正在开创一个新环境、新事业，我必须尽力帮助他。”

贺拉斯·格里利和父亲从佛蒙特州迁移到宾夕法尼亚州，作为伊利湖《政府公报》的代理人，他每月可以从斯德雷特法官手里领到135美元的薪水。但一连7个月，他每月只给自己留下15美元，而把其余的全部交给了父亲。他还要给父亲看守羊群，免得它们遭到饿狼的袭击，多少个夜晚他都只能在野地里露宿。

到21岁时，他毅然决定到纽约去寻求发展。他把一堆破破烂烂的衣服打成一个包袱，用一根木棍挑着，就出发了。他步行96千米，穿越大森林，来到了布法罗，再乘一只独木舟顺流而下，来到了奥尔巴尼，然后改坐驳船继续前进。1831年8月18日，在太阳跃出地平线的时候，他终于抵达了纽约。整个漫长的960千米的旅程，他一共只花费了5美元！

他选择了一个最便宜的旅馆住下，价格是每星期2.5美元。对他来说，现在最重要的就是找到一份工作。他每天都在大街上游荡，仔细搜索张贴在各个角落的招工广告。他走进一幢幢大楼，逢人便问是否需要人手。可是每一个人都对他说：“不，我们不需要。”他那古怪的外表和衣衫褴褛的惨状，很容易被人误认为是一个逃跑的学徒。

在一个周末，他在睡觉前突然听到西部印刷公司正在招聘工人。星期一凌晨5点，他第一个来到西部印刷公司的门口。7点钟时，员工们陆陆续续前来上班，他找到了工头，请求给他一份工作。那个工头很欣赏他那份朴实和勤恳，但无法安排这个来自乡下的、没有任何经验的毛头小伙子任何一个合适的工作，他们只需要排印铅字的熟练工人。但那个工头还是说："还是让他试试吧，也许他能让我们都吓一跳。"老板很快知道了这件事情，当即把工头臭骂了一顿，并且对工头说，等贺拉斯第一天的活干完之后就让他滚蛋。然而当第一天工作结束以后，贺拉斯却提交了一份出色的答卷——他干的工作比任何一个老工人都多，出错率却最少。

10年之后，贺拉斯·格里利创办的《纽约人报》，成为全美国最好的周报。稍后创办的《小木屋》，发行数量达到了9万份，创造了当时报纸发行量的奇迹。

下一步，他又创办《纽约论坛报》，仅仅6周之后，他的订户达到了1.1万户。贺拉斯·格里利的创业之路从此出现一个崭新的局面。

眼高手低是很多年轻人爱犯的错误。他们不屑于做一些基础性的工作。孰不知很多成功的人士都是从一个平凡的职务做起的，他们的成就都是一个长期积累的过程，而并不是像别人想像的那样，是幸运之神的宠儿。

木匠家走出的国务卿

我们应当努力奋斗，有所作为。这样，我们就可以说，我们没有虚度年华，并有可能在时间的沙滩上留下我们的足迹。

——拿破仑

8月里的一个下午，在莱克星顿的一个小农场里，西奥多·帕克怯生生地问他的父亲："爸爸，明天我可以休息一天吗？"西奥多的父亲是一位老实巴交的木匠，他制作的水车远近闻名。他惊讶地看了一眼最小的儿子，这可是活儿最忙的时候啊，小伙子少干一天，就可能影响他整个的工作计划。但是，西奥多企盼而坚决的目光让他不忍拒绝，要知道，西奥多平时可不是这样的。于是，他爽快地答应了这个要求。

第二天一早，西奥多早早地就起来了，赶了16千米崎岖泥泞的山路，匆匆来到哈佛学院，参加一年一度的新生入学考试。从8岁那年起，他就没有真正上过学，只有在冬天里比较清闲的时候，才能挤出3个月的时间认真地学习。而在其他的时间里，无论是耕田还是干别的农活，他都一遍一遍地默默背诵以前学过的课文，直到滚瓜烂熟为止。休息的时候，他还到处借阅书籍，因此汲取了大量的知识。有一本拉丁词典，是他迫切需要的，但无论如何想方设法也没法借到手。于是，在一个夏天的早上，他早早跑到原野里，采摘了一大筐浆果，背到波士顿去卖，所得的钱正好换回了这本拉丁词典……

所谓工夫不负有心人，在哈佛的入学考试上，他得心应手地做完了试题。监考的老师惊奇地看着这个总是第一个交卷的考生，当他听说这是一个连学校都很少去的穷少年时，更加好奇地抽出他的试卷来察看，然后对西奥多说："祝贺你，小伙子，你很快会接到录取通知的。"

那天深夜，西奥多拖着疲惫的身体回到了家里，父亲还在院子里等他回家。"好样的，孩子！"当父亲听到他通过考试的消息，高兴地赞扬道，"但是，西奥多，我没有钱供你到哈佛读书啊！"西奥多说："没有关系，爸爸，我不会住到学校里去，我只在家里抽空自学，只要通过了考试，就可以获得学位证书。"后来，他真的成功地做到了这一点。当他长大成人以后，自己积攒了一笔学费，又在哈佛学习了2年，最终以优异的成绩毕业。

岁月流逝，时光推移，这个当年读不起书的小男孩，终于成为了一代风云人物。他作为一个著名的废奴运动倡导者和社会改革家，先后成为国务卿西沃德、首席大法官蔡斯、著名参议员萨姆纳、总统加里森、著名教育家贺拉斯·曼、反奴协会主席温德尔·菲利普斯等人的密友和事业顾问，他在整个美国的影响力是永远无法估量的。

我们无法选择自己的出身，但是我们可以把握自己的人生。如果你发现自己出身于一个不好的家庭时，那么请你祝贺自己吧，因为你将创造奇迹。当然奇迹不是每个人都能创造的，只有优秀而坚忍的人，才能不受不利环境的影响，或者干脆化不利为有利，从而谱写一个完美的人生。

最会挣钱的作家

没有目标而生活，恰如没有罗盘而航行。

——康德

赫伯脱·乔治·韦尔斯的稿费收入十分高，每天至少有100万元。可是，他原本是个穷孩子，父亲曾是职业曲棍球员，也曾开设过一家小规模的瓦器店，不过生意并不好。他就诞生在那家小店的内室里。这间内室是寝室，又兼做厨房，不但狭小，而且又污秽又黑暗，只有从墙壁的漏缝里可以照射进一点亮光。最使韦尔斯不能忘记的是，童年时从这漏缝里看到的许多来往人们的腿。许多年后，他以他所观察到的腿部为题材，写了一篇有趣味性的文章。他认为从一个人穿什么鞋子，可以断定他是怎样的一个人。

韦尔斯幼年时期的潦倒生活，始于家里那间小瓦器店倒闭的那年，为了生活，他的母亲不得不在一个富商家里当看门人，和其他仆人们住在一起，韦尔斯经常去探望母亲，这使他得以看清英国上层社会的本质，也体会到下层社会的生活艰辛。

这位《未来世界》的作者，13岁时就踏入社会：起初在一家杂货店里做伙计，每天早晨5点起来，先得把店铺打扫干净，并把炉火生着，他一天要工作14小时，没有空闲时间。他一开始就认为这是一种贱役，强烈地鄙视这种生活。一个月后，经理把他辞退了，理由是不修边幅，对顾客缺乏热情。他愤愤不平地离开了这家杂货店，惟一值得庆幸的是这下用不着自己辞职了。接着，他进了一家药店，仍然干些杂务，但一个月后又被辞退了，连辞退的理由也没有向他说。然后，他又找到了另一家杂货店的工作。这一次，他体会到生活问题的严重，不敢随意任性，只好干了下去。但他总趁着无人防备的时候偷偷地躲到地窖里，阅读他所心爱的赫伯脱·史本塞的作品。

韦尔斯就这样忍耐了2年，终于忍无可忍了。于是在一个早晨，他没有吃早餐就溜了出来，空着肚子走了15千米回到家里，见到了他的母亲。他抱着母亲的腿号啕大哭，同时宣布：如果再强迫他回去工作，他就自杀！

韦尔斯偷偷地给以前的教师写了一封凄怆动人的长信，倾吐他目前的境遇，并告诉他自己想自杀。这封信深深地打动了那位教师的心，他回了一封信，请他去担任教员。这是韦尔斯一生的第二个大转机。

不过幼年时期在杂货店的工作，也并非全都是没有意义的。韦尔斯向来懒惰，经过在杂货店2年多的锻炼，他终于勤快多了。

在韦尔斯成为教师之后，又遭逢到一次突如其来的危险，事情是这样的：他担任一场足球比赛的裁判员，当比赛进入白热化时，他突然被一名球员撞倒，接着又被后来跑上来的球员当胸踩过，他的肺部和肾部因此受了重伤，一度奄奄一息。许多名医为此束手，他只好听天由命。但他竟然侥幸逃过一劫，成了一个半残废的人，并且过了12年恐怖无助的日子。就是这12年的痛苦生活，反倒使他成为举世闻名的作家。

在这12年内，他曾有5年疯狂地不断写作，可是，他写的东西实在太平凡无味了，他自己也明白，所以毅然地将它们全部付之一炬。

虽然他已半残废了，但是又另外获得了一个教职，这使他的生活稍微宽裕一些。在生物班里有一个美丽的女学生，韦尔斯对她一见钟情，这个女孩子和韦尔斯一样的娇弱。这段美丽的师生恋结出了丰硕的果实，他们终于结了婚，很愉快地生活在一起。

韦尔斯自从被球员踏伤，并侥幸地逃过了一死后，开始发愤图强起来。他每年都有长篇巨著脱稿。这些著作终于发出绚烂的光芒，照遍了世界每一个角落。

他写作的地点不定，或在伦敦办公处，或在车上，或在一望无际白浪滚滚的地中海畔。总之，他随时随地都可以写。在法国，他租用了两幢别墅，一幢作写稿之用，另一幢作会客之用。他仅在晚间会客，因为白天要专心工作。

磨难可以强化人们的意志。大多数人总是希望一生顺利，然而这种顺利绝非好事，如果没有经过磨难的考验，我们只会庸庸碌碌过一生。所以面对逆境，我们不要抱怨，而是要更加努力奋斗，才会有更多的机会。怨忿要么成就一个人，要么毁掉一个人。但是对于一个意志坚强的人来说，后一种可能几乎是不可能出现的。

开创历史的阿克莱特

> 走得最慢的人，只要他不丧失目标，也比漫无目的地徘徊的人走得快。
>
> ——莱辛

像绝大多数伟大的机械师一样，理查德·阿克莱特也是出身低微。

1732年他出生于布赖斯顿。他的父母一贫如洗，他是家里13个子女中最小的孩子。他从未进过学堂大门，他惟一受的教育是自学，最终，他只能十分吃力地写作。还是孩童时，他就给一位理发师当学徒，学会这门手艺后，他在伯尔顿一个地下室的酒窖里开了一个发廊。

几年后他搬出了地窖，成了一个毛发交易的巡回商人。那时流行戴假发，制造假发成了理发业一个重要的行当。阿克莱特四处活动买毛发，用以造假发。他也做一种用化学试剂染发的生意。由于他非常机灵聪明，他的这种生意做得十分红火。尽管他有着一往无前的性格，但他看来不是那种把一切精力都仅用于谋求一种纯粹生活的人。

很快他就决定走机器发明者的道路。当时已有无数的人们在发明精细纺纱机的活动上进行过努力了，阿克莱特也在这方面努力。他全力以赴投入到实验中，以致忘记了他的生意，花光了辛苦积攒起来的一点钱，陷入了极度的贫困之中。他的新婚妻子认为丈夫的所作所为简直就是小孩子式的嬉戏、闹着好玩，愤怒之下，她抓起丈夫发明用的模型并砸坏了它。妻子的行为使他怒不可遏，他迅速和妻子分手了。

阿克莱特曾认识一个名叫凯伊的威灵顿钟表匠，凯伊曾把滚筒纺纱机的工作原理介绍给了阿克莱特。他开始按照这一设想的程序制造那种机器。

他在一个众多依靠出卖手工劳动力为生的小镇展示他的机器，事实证明这是个危险的活动，在他展示机器的学校客厅的外面不时传来各种凶恶的咆哮声。当初凯伊就是因为发明了飞梭而受到暴徒攻击，被迫从兰开郡搬走，远离家乡；可怜的哈格里菲斯的珍妮纺纱机不久也被一个手持铁棍的暴徒捣毁。

阿克莱特决定把模型转移到危险更小的诺丁汉。那里，一些银行家同意预先支付给阿克莱特一笔钱，条件是分享从阿克莱特的发明中所获取的利润。阿克莱特同斯特拉特和里德先生合作，共同开发应用机器。斯特拉特先生是织袜机的原始发明人和专利人。他们的成果以“诺丁汉钟表匠理查德·阿克莱特”的名义获得专利。当年，在诺丁汉第一次建立了由马来拉动的棉纺厂；不久，在德比郡的克伦福特建立了一个规模更大的棉纺厂，棉纺厂由水轮机来带动，这也就是被人们称为水力纺纱机的精纺机的出现经过。

当成功的曙光开始出现以后，兰开郡的制造业工人把阿克莱特发明的机器砸成碎片，就像科尼希的矿工们攻击布尔顿和瓦特，抢夺他们从蒸汽机中获取的利润。

阿克莱特曾被宣布为劳动人民的敌人，他建在棱尔雷附近的一座工厂被一群以警察和军人面目出现的暴徒以暴力捣毁。兰开郡的人们拒绝买他的产品，尽管他们承认他的货是市场上的佼佼者。然后，他们拒绝给他的机器用途授予专利权。他在兰开郡、德比郡和苏格兰的纽拉兰克重新建立了工厂。在克伦福特的工厂也因为他与斯特拉特的合伙关系到期而归属于他了，他的产品在数量上和质量上是那么的优秀，很快他就几乎控制了这个领域的贸易，该领域的产品价格由他来决定了，接着，他控制了其他棉纺织业的运作。

在战胜了一切艰难险阻之后，他的事业成熟了，他获得了回报的满足。他在组装第一台机器 18 年之后，被任命为该郡的高级行政司法长官，不久，国王乔治三世授予他骑士的荣誉称号，阿克莱特于 1792 年谢世。阿克莱特是英国现代工厂制度的奠基人，他所创建的工业部门被证明是给个人和国家带来巨大财富的源泉。

任何一个开创历史的行为，都会遭到一些守旧势力的阻挠和攻击。这时候，坚强的意志和不屈不挠的作风是把真理坚持到底的惟一法门。当然历史的脚步是不能阻挡的，当他们的成功为人们带来利益的时候，他们的形象就会像丰碑一样永垂不朽。

巴尔扎克的早年噩梦

没有一定的目标，智慧就会丧失；哪儿都是目标，哪儿就没有目标。

——蒙田

巴尔扎克把自己的童年称为“人的命运中所遭受到的最可怕的童年”。母亲婚前尚有一点浪漫气息，婚后不久就变得贪婪苛刻、冷酷自私。

巴尔扎克出生后就被送到图尔城近郊由人抚养，4 岁时归家又被送去寄宿。7 岁时，巴尔扎克进了旺多姆的寄宿学校，受到斯巴达式的严格的纪律管束。孩子们没有假期，巴尔扎克几年中几乎没回过家。漠不关心的母亲没有捎来充足的衣物，以致他在冬天两脚生满冻疮。习惯乡间自由生活又生性敏感的巴尔扎克，更觉“尝尽了身心两方面的痛苦”。天才儿童显现的独特个性更为严厉的校规和冷酷的教师所不容，他每星期要被关三四天禁闭。

但是，他在另一个境界——书的王国里找到了解脱。“他啃着各种书籍，他用神学、历史、哲学和科学的著作来喂饱自己”。一个图书管理员借给他大量书籍。可是，他因读心爱的书而忽略了令人生厌的功课，这又使他遭受到更多的责骂、惩罚。这个起初被称为两颊丰满、脸儿红红的胖孩子，终于得了神经衰弱症，形容枯槁，神思恍惚，中断了 6 年多的学校生活，回到家中。冷漠的家庭并没给他多少温暖、慰藉，1814 年，他又去图尔中学走读。

1816 年，刚从法学系毕业却从未显示过文学才华的巴尔扎克突然告诉家人：“我不当公证人，我要当作家。”这消息在家人耳边不啻于一声惊雷。

放弃有保障的职业去从事冒险的卖文生涯，这是巴尔扎克家人难以理解、难以接受的选择。巴尔扎克同家庭，尤其是同母亲作了坚决抗争，终于为自己争得了 2 年试验期：如果 2 年后他没有获得文学事业的成功，父母就停止对他生活的起码资助。巴尔扎克终于在莱迪盖尔街九号的破旧楼阁里开始了他的文学创作生涯。他从来没有想到，这个试验期竟是漫长的 10 年岁月，而且是如此的艰难。

我们可以从巴尔扎克的《驴皮记》中窥见到这位伟人最初的写作环境：“再没有什么东西比这楼阁更令人讨厌了，墙壁又脏又黄，一股穷酸气……房顶倾斜，几乎碰到了地板，从松散的瓦片间可以看到天空……”冬寒夏热的房中除了从家里破旧杂物间拿来的硬板床、旧桌椅外别无他物。最缺的是钱，巴尔扎克每天早晨自己去喷泉打水，自己收拾房间，穿暗色的法兰绒衬衫以节省洗衣费。他发奋读书，并读生活这本书，认识到深入生活“才能发现这光怪陆离的戏剧，这些悲剧或是喜剧，这些应运而生的杰作”。但他现在的当务之急是写出能扬名的东西。他写过一些诗歌、戏剧、小说的片段，最后开始着手写诗剧《克伦威尔》。他全身心投入写作，三四天才出门去买点吃的。冬季临近，楼阁四面透风，他裹上了毛毯、背心、围巾御寒，为省燃料，有时几天不下床。

幸运的是，《克伦威尔》给他带来近乎辉煌的成功。一个伟大的天才终于摆脱了炼狱，光芒照耀了整个欧洲。

如果有一个苦难的童年，我们要对它感恩不尽。苦难的童年是人生一笔伟大的财富。能够磨炼人的意志，也能形成一些受益终生的好习惯。诚然，这段可怕的日子也许会成为我们心中永远的噩梦，但这个噩梦会激励我们更加努力。

喜剧天才莫里哀

向着某一天终于要达到的那个终极目标迈步还不够，还要把每一步骤看做目标，使它作为步骤而起作用。

——歌德

在法国文坛中，莫里哀既是一位优秀的表演艺术家，又是一位杰出的戏剧创作家。他是自莎士比亚以来欧洲最伟大的艺术家之一。

1643 年 1 月，21 岁的莫里哀给父亲留下一张自愿放弃王室装饰师继承权的字条出走，决心按照自己的意愿发展，当一名当时毫无社会地位可言的演员。

命运对初涉戏坛的莫里哀是极其残酷的，幸运女神没有向莫里哀张开欢迎他的双臂，而是狠狠地打击了他。由于缺乏经验、同行的竞争以及剧团死敌圣絮尔皮斯的神父奥利耶的仇恨，以莫里哀为首的“光耀剧团”的演出逐渐失去了观众，经济上陷入困境，不得不靠借债度日，莫里哀曾两次作为欠债人被关进监狱。被保释出狱的莫里哀在债务中挣扎，饱尝了失败和破产的滋味，受尽了贪婪的商人和冷酷的高利贷者的折磨。1645 年秋，

“光耀剧团”宣布破产，莫里哀当演员的梦想破灭了。

在从事戏剧事业的3年时间里，莫里哀几乎一直在债务、高利贷、监狱和屈辱的痛苦中挣扎，但是他并没有因此而动摇自己的信念。光耀剧团解散后，莫里哀同玛德莱娜被职业演员夏尔·迪弗雷招聘为自己剧团的演员。这时候，莫里哀的演技已有很大提高，成为迪弗雷剧团的重要人物。不过迪弗雷剧团也没有在巴黎取得成功，为了生存，剧团只好到外省去演出，于是莫里哀开始了长达12年的流浪生涯。正是这种漂泊流浪的艰苦生活磨练了莫里哀的意志，使他在同各色人物的接触中学到了人生哲理，积累了丰富的生活素材，演技也日益成熟。尤其重要的是，在缺少优秀剧本的时候，莫里哀不得不动手改编供演出的剧本，这不仅唤醒了他身上潜伏已久的创作才能，而且还为他未来的创作积累了经验。

莫里哀的一生都在为艺术献身。而他临死前的惨境更是令人动容。

在他进行一生中最后一场表演前，他已经病入膏肓了。其他的演员劝他放弃这场演出。莫里哀悲伤地回答：“我不能停止啊，全团的人都指望着这场表演吃饭啊。”

在这场戏中，他饰演的正是一个病人的角色。当他步履蹒跚地走上前台，热情的观众还以为这是大师在惟妙惟肖地表演，立即报以热烈的掌声。表演结束之后的几个小时里，他永远地离开了人世。

有的人为了舒适的生活，背叛了崇高的理想，这首先就是懦夫的行为。就算他以后交了好运而小有成就，也会因为其内心的苍白而难以更进一步。

求索攻坚

宋应星力著《天工开物》

有志者事竟成。

——《后汉书·耿弇列传》

宋应星，明朝人，中国古代杰出的科学家，我国古代四大科学名著《天工开物》的著作者。

公元1615年，宋应星经乡试，中举人。但宋应星对功名富贵却毫不在乎。当时，中国资本主义已有萌芽，一些读书人开始致力于实际学问，宋应星也走上了这条路。他决心写书，写一本与老百姓吃饭穿衣密切相关的书。

宋应星经过一番实际考察和资料查阅后，看到古代关于吃饭穿衣的书已经有过不少。可是，全面而又详细地记载各种科学技术和制造工艺的书，还不曾有过，而且有些书还需要补充和订正。据此，宋应星决心写一本包罗衣食住行学问的书。

宋应星从农业开始写起：人所以能活在世上，靠食五谷为生。五谷是靠人种植的。在养活人们的粮食中，稻占十分之七。稻分两大类，有粳米、有糯米……

写到这里，宋应星写不下去了。他皱起眉头，想道：下面该怎么写，稻是怎么种出来的，可自己实在一点都不懂。

于是，宋应星就拜农民为师，学习水稻的种植和其他农作物的栽培。他还自己开辟了土地，作为实验田。经过一番艰苦的劳作与学习，掌握了实际知识，自己开辟的实验田也获得了丰收。望着丰收的景象，他不胜感慨：真是像辛弃疾在《西江月》词中说的那样，“稻花香里说丰年”啊！后来他就是这样把农作物学艺一点点地搞得十分精通。之后他又开始了科技与工艺方面的学习。

当时是明朝末年，江西的景德镇已经成为全国的瓷业中心。因此，他首先从瓷器制作写起。经过一段的苦学，瓷器、陶器的制作工艺，他都掌握纯熟了，就又进行铜、铁器铸造的工艺学习。宋应星将铜铁工场看到和听到的浇铸工艺等方面的知识全都记了下来，还专门调查研究了采矿、冶金、造纸、榨油，以及车船、兵器的制造过程等等，积累了著书的丰富资料。

可正当宋应星要积极著书的这一年，他却被派到奉新县西南的分宜县担任主管教育的小官——教谕。这是一个清闲的差使，他买下了一间小小的草屋，继续著书。他白天黑夜写啊、画啊、改啊、抄啊，把原稿涂了又涂，改了又改；许多地方，墨笔写的黑字被红色的笔涂没，改上去的红字又被墨笔的黑色抹去，补充的文字写不下去，由一根粗线引到纸的背面。或者做上记号用另一张纸补入……

也不知大叠大叠的书稿，曾凝聚着他多少的心血啊！

春末的一天，宋应星抄完了最后一段，把全部文稿，分门别类地归成20卷，然后铺开一张白白的连史纸，蘸饱了墨，写下了铁画银勾的正楷字：“天工开物”书名。

宋应星将书名题为《天工开物》，反映了他的朴素唯物主义思想；而书中所记载的内容，更是详实精妙。

1637年（明崇祯十年），《天工开物》初版本正式问世了。这是一本详细记述中国古代农业、工业和手工业等等技术、闪耀着劳动人民智慧光辉的巨著。刊印没多久，这本书就被译成日文、法文、英文等外国文字，国外称它为“中国17世纪的工艺百科全书”。

宋应星以实事求是的科学精神，通过调查研究，立志苦学，得出了许多科学结论；他运用数据计算和比较，作了大量科学的统计和记录，总结了丰富的生产知识，而且提高到科学的理论的水平。他的《天工开物》与贾思勰的《齐民要术》、李时珍的《本草纲目》、徐光启的《农政全书》，并称为中国古代四大科学名著。

裴秀和“制图六体”

以修身自强，则名配尧禹。

——《荀子·修身》

裴秀西晋人，是绘制地图的专家。他创立了一套绘制地图的理论叫“制图六体”。还有人把裴秀称为“中国科学制图学之父”。

在西晋之前，绘制的地图粗糙，不精确，与实际情况不相符合，既没一定的比例，也没标定方位。裴秀根据这些地图实地考查，常常闹出笑话。地图上绘的是一小块地方，可是跑到实地一看，那里竟是广阔无边的一大片平原，只是因为没有人居住，地图上就绘成了一小块。在裴以前，人们不知道用比例尺，绘制的地图大得惊人。有一张叫《天下大图》的地图，是用80匹绢连接起来绘成的。看的时候，要找一块又宽广又平坦的地面才能铺得下，看的时候须在图上爬来爬去。

裴秀绘制西晋地图时，阅读了大量古籍图册，跑了许多地方，访问许多老人，进行了大量的细致的调查研究。在此基础上，裴秀又画了一张又一张草图，终于绘制成了《禹贡地域图》18篇。在这18篇地图上，对古代九州，西晋时的16州，以及郡国县邑的疆界和所属的乡村，古今地名的对照，水陆交通路线等等，全部标写得清清楚楚。更伟大的是裴秀在绘制地图过程中创立了一套绘制地图的理论，即“制图六体”。

“制图六体”就是现在人们在地图上和地理书上常常看到的有关比例尺（分率）、方位（准望）、路程距离（道里）、地势高低（高下）、角度大小（方邪）和曲直（迂直）6个方面的基础知识。这些知识在1700多年以前要创立是非常不容易的。

李冰治水修筑都江堰

生于忧患而死于安乐。

——《孟子·告子下》

李冰是战国末期的水利家。他为官时期，主持兴修了中国古代著名的水利工程——都江堰。

李冰自幼刻苦好学，而且善于观察，重视实践经验。立志为百姓做些有益的事情。后来成了精通天文地理，知识渊博，远近闻名的人物。虽然不是什么官长，但百姓却很尊敬他，因为他用自己掌握的知识为百姓做了许多有益的事情。

秦昭王听说李冰才华出众，是个能人，老百姓都亲附他，便让李冰做了蜀郡郡守。秦昭王还经常向他询问如何治理百姓、富强国家的方针策略，对此。李冰提出了许多有益的建议，深得秦昭王的欢心，也因此被那些极力巴结奉迎、企求高位的官员们所嫉妒，他们伺机加害李冰。

李冰认为作为一郡之守，就要对郡内百姓负责，要使他们的衣食得到保障，否则，治理百姓只能是一句空话，或者便是暴政役民。因此，他一到任上，就深入下层百姓中间，访察民情，对利害情况做到心中有数，以便兴利除弊，造福百姓。当时蜀郡经常发生水旱灾害，遇到灾荒年景，庄稼颗粒无收，百姓嗷嗷待哺，只得以草根、树叶充饥。李冰认识到治理水旱灾害是一项重要的亟待解决的问题。他带领一些人对蜀郡全境进行了认真地实地探察，摸清了导致水旱灾害的原因。原来岷江上游流经地势陡峻的万山丛中，水势很急，一到成都平原，水速突然减慢，江水从上游挟带的大量泥沙和岩石便在平原地区淤积下来，淤塞了河道，使河道底部升高，河床变浅。每当雨季到来时，岷江和其它支流水势骤涨，在下游平原地带造成水灾；雨水不足时，江水水量变小，而且都渗入淤积的泥土沙石中，靠江而难得水源，造成干旱。李冰想兴建一项既能排涝又能防旱的水利工程，他把建议提出来，征求同僚们的意见。同僚们有的赞同，有的迟疑，有的反对。那些犹豫的人认为，在二三百年以前，古蜀国杜宇王以开明为相，在岷江出山处开出一条人工河流，分岷江水流入沱江，想要勉除水害，可事倍功半，收效甚微。人工河开出后，水害还是年复一年地发生。自那以后，再没有人提出治理水患的问题，如今要建一项既防涝又防旱的水利工程，有多大把握？能行吧？反对兴建的人不是尸位素餐之徒，就是平时嫉妒李冰的人，他们说李冰此举不过是沽名钓誉，最终结果只能是劳民伤财。他们还串通朝廷里的同党阻止李冰这个计划，并趁机加害李冰，诬告李冰拢络贱民，图谋不轨。由于坏人的诬告，加之秦昭王谋求霸业，未把此事放在心上，在李冰再三请示下，秦昭王才勉强答应，并没有给拨多少物力、财力。

修建这样大的水利工程，在财力、物力匮乏的情况下，是相当困难的。但李冰没有灰心，他首先在前人治水经验的基础上，经过反复的研究、分析，制定了一整套方案，接着他依据当地的条件，筹备了一些人力、物力，随后带领老百姓干起来。李冰采取中流作堰的办法，想在岷江峡内用石块砌成石堰，使江水分流。在湍急的江水中立堰是十分困难的，多少次立起的石堰都被激流冲塌了。但李冰没有在失败中丧失信心，他每一次失败后，都认真总结经验，自己把握不定，就向老农、渔夫询问。最后，硬是在湍急的岷江中立起了石堰，使岷江分流。这个分水的建筑工程石堰，就是江鱼嘴。它把江水一分为二。东边的叫内江，供灌溉渠用水；西边的叫外江，是岷江的正流。分水工程建成后，李冰又带领百姓在灌县附近的岷江南岸筑了离碓，离碓就是开凿岩石后被隔开的石堆，夹在内外江之间。离碓的东侧是内江水口，称宝瓶口，具有节制水流的功用。夏季岷江江水上涨，都江鱼嘴淹没了，离碓就成了第二道分水处。内江自宝瓶口以下进入密布于川西平原上的灌溉渠道，干旱时，就把水引进去灌溉，雨季水多就关闭水门。都江堰建成后，保证了大约300万亩良田的灌溉，使成都平原成了旱涝保收的“天府之国”。

在科学技术很不发达的2000多年前的战国时代，在受到种种阻挠和人力、物力、财力极其有限的条件下，能建成都江堰这个具有防洪、灌溉、航运多种功能的综合水利工程，无异是伟大的壮举。应该说，它是以李冰为首的许多人智慧和汗水的结晶。至今，“天府之国”的儿女仍然感受着它的恩赐。都江堰铭刻着李冰这个杰出人物的名字，也昭示了中华民族求索攻坚的优良传统。

王充建树无神论

登高而招，臂非加长也，而见者远。顺风而呼，声非加疾也，而闻者彰。

——《劝学》

王充出身于寒门，很小时就失去了父亲。他少年时学习很努力，因家贫买不起书，常到书肆看书，看过一遍，就能记诵下来。经过勤苦的学习，终于博通九流百家之言，成为学识渊博的著名学者。他曾到京师洛阳游学，并进入太学深造，拜班彪为老师，向他学习。王充虽喜好博览群书，但不流于记诵，不拘于辞章文句，他注重文章所阐释或蕴藉的事理，注重理论和实践的结合，善于把书本知识和现实问题联系起来，对前人的理沦和见解有选择地吸收。他平时注意观察自然界和社会生活中存在的问题，并极力探求产生问题的原因。他从京师返回故里后，便以教授生徒为业。后来，他任会稽郡的功曹，对于当权者不当行为，多次进行劝说，结果，不是受到斥责，就是不了了之，存在的问题始终得不到解决。王充看到自己的建议不被采纳，便横下心来，辞去了职务，呆在家里关门潜思，专事著述，力图把自己的思想记述下来，留给后人。他在自己家的门窗和墙壁上都放上了刀笔，一有心得就马上记录下来。经过多年专心致志的努力，写了大量的著作。其中最重要的著作就是《论衡》。这是他30年心血的结晶，是反对谶纬迷信和批判唯心哲学的不朽作品，这部著作几乎涵盖了王充的全部思想。

自西汉以来，谶纬迷信日益猖獗，广为流行，在上君臣希冀长生不死，下层百姓企图消灾解祸。这是“独尊儒术”发展的必然产物。汉武帝为了封建“大一统”的政治需要，采纳的董仲舒“罢黜百家，独尊儒术”的建议，使儒学定于一尊。董仲舒从解释儒家的精典着手，建立了一整套神学世界观，使儒学走上宗教化的道路。他提倡“天人感应”的神学目的论，在政治上论证了封建专制统治的合法性和合理性，它虚构了天的至高无尚，以树立皇帝的最高权威，来维护和加强地上君主的统治。就对科学技术的影响而言，它排除了进行科学探索的必要性，而用唯心主义、形而上学的说教代替之，想一劳永逸地完成对自然科学的任何研究。它认为自然界、人类社会的一切现象，都是按着天的意志而显现的。它认为天气的暖、清、寒、暑是对帝王好、恶、喜、怒的感应，春、夏、秋、冬四季变化是天的爱、严、乐、哀的表现。它几乎要窒息了人们对自然现象的规律进行探索的任何生机，对科学技术的发展产生极大的阻碍作用。在天人感应这一神学目的论的指导下，谶纬迷信猖獗是不可避免的了。对此，王充以他智慧的头脑，基于理性，进行了深刻的分析和批判，建树了战斗的唯物主义无神论思想。

谶纬是一种庸俗经学和封建迷信的混合物。谶是用诡秘的隐语、预言作为神的启示，昭告吉凶祸福、治乱兴衰的图书符录。纬是用宗教迷信的观点对儒家经典所作的解释。为了揭露贵族地主们利用谶纬宣传的贫富贵贱，命中注定的伪善说教，王充指出，人是自然界的一部分，人和万物一样，是禀受天地元气而成（元气是一种混沌的原始的物质元素），人的自然属性与万物并没有区别。他说："人，是物，物，也是物。即使贵为王侯，禀性上和万物也没有区别。"他指出，一个人的才能操行跟富贵贫贱，没有必要的联系，才能出众，行为高尚，并不能保证必然富贵；才能低下，行为卑微，也不能保证必定卑贱，不能用权势的大小或地位的高低作为德才优劣的标准，更不能作为划分好人坏人的尺度。这就否定了天有意识的观念。

对于贵族地主如何富贵腾达，王充进行了辛辣的嘲讽。他描绘当时的官僚"无篇章之诵，不闻仁义之语。长大成吏，舞文巧法，徇私为己，勉赴权利。考事则受贿，临民则采渔，处右则弄权，幸上则卖将。一旦在位，鲜冠利剑，一岁典职，田宅并兼"。官僚们的不学无术，钻营苟求，贪赃枉法，刻剥百姓的丑恶嘴脸，跃然纸上。

对于天有意志的谬论，王充进一步加以批判。他指出，天只是一种自然存在。日月运行有一定的规律，日蚀月蚀有一定的时间，云雨霜露也是自然现象，都不是祥瑞和灾异的反映。他认为，云、雾、露、雨、霜、雪等，是大气中的水在不同气温条件下的不同表现形式，是地气上升遇冷而凝成的，根本就没有什么神龙施雨。雷电杀人不是上天惩罚有罪的人，雷电是阴阳之气"分争激射"而引起的。他还描述了雷电杀人的一系列事实。他还认为潮汐也不是鬼神驱使的，跟月亮圆缺有密切关系，和河道的宽狭也是分不开的。他认为虫灾和官吏为害没有必然的联系。虫子是一定温度和湿度条件下的产物，并非一年四季都出现虫害，虫子有自己的生活史，生有时，死也有时。他还列举了许多抗御虫灾的方法，王充的这些认识和措施都与"天罚说"截然对立，水火不容的。

王充还对人的生死变化作了唯物主义的解释。他认为人是由阴阳二气构成的，死后再还原成气。人之所以能活着，是因为身体内存在着精气，精气耗尽了，人也就死了。保持人体精气的是血脉，死人的血脉枯竭了，精气也就消散了。形体腐烂后，就形成了土，不会变成鬼。对于那些"道术之士"企求"轻身益气，延年度世"的荒诞思想，王充也予以批驳，他指出"有始者必有终，有终者必有始，唯无终始者，乃长生不老"，把认识提高到新的高度。这里王充利用了当时医学的成就，继承了桓谭等人关于形神关系的唯物见解以及对长生不老术的批判，阐发了无神论和朴素辩证法的观点，对当时及后世鬼神迷信观念都是有力的抨击。

在王充的思想中，也包含着宿命论等唯心主义的糟粕，他对一些自然科学问题的见解也不尽正确，甚至落后于同时代的人，这一方面同当时的科学发展水平有关，另一方面和王充存在的片面思想方法有关。但是王充毕竟建立了一套反封建神学的“无神论”思想体系。而且在同“天人感应”和各种迷信思想的斗争中，王充所应用的科学武器涉及到天文、地理、物理（力、声、热、电、磁等知识)、生物、医学、冶金等领域，这既是他博览群书的结果，也是他善于观察、探索自然奥秘的结晶。在那谶纬迷信横行的时代，王充依据知识的理性，大胆地抨击“天人感应”学说，建树自己的无神论思想体系，无疑是大智大勇的探索精神发挥了重要的作用。

张衡发明地动仪

在劳动和创造的领域里，不要担心大胆鲁莽和奋不顾身。

——高尔基

张衡（78～139）字平子，南阳西鄂（今河南南阳县北）人，是东汉著名的文学家和科学家。

张衡少年时学习刻苦，喜好写文章。他时感光阴流逝之快，夜以继日地读书，希望自己能成为对社会有所贡献的人。他曾到长安、洛阳拜师求学，增长见识，后来又到太学深造。由于不断的学习，获得了渊博的知识。他通晓五经，尤精于天文、历算。他对自然界的奥秘有着浓厚的兴趣，而无意于通往富贵的仕途。朝廷屡次征召任职，他都没有接受。汉安帝时，特地下诏召他到朝廷任职，他想借此多阅览一些先代有关天文、历算等方面的典籍，便于日后的研究，便接受了汉安帝的召见，被任命为郎中，后来，两度任太史令，掌管天象观测。这期间，他对天文、历算的研究和探索更加深入了。在总结前人经验和自己研究试验的基础上，搞了大量的重要发明，撰写了很多饱含科学思维和创造智慧的著作。

汉代论天有盖天、浑天和宣夜三家，张衡是浑天说的代表人物。他在所著的《浑天仪图注》中指出“浑天如鸡子，天体圆如弹丸，地如鸡子中黄。天地各乘气而立，载水而浮”。他还指出天体每日绕地转一周，总是半见于地平之上，半隐于地平之下，等等。这里张衡明确指出大地是个圆球，形象地说明了天与地的关系。张衡在他的另一部著作《灵宪》中指出，浑圆的天体并不是宇宙的边界，“宇之表无极，宙之端无穷”，从而表达了宇宙无限的概念。张衡的浑天说虽然是一种以地球为中心的宇宙理论，但在当时的历史条件下，在浓重的天圆地方学说的氛围下，它能够比较近似科学地说明天体的运行，对后世产生了很大的影响。

张衡不仅倡导浑天说，而且还在西汉天文学家落下闳、耿寿昌等人创造浑天仪的基础上，设计制造了一种用于演绎浑天思想的新的仪器——水运浑象仪，这对浑天说能得到社会的广泛承认，起了重要作用。张衡所制的浑天仪是以一个直径为5尺的空心铜球表示天球，上画28宿，中外星宫及互成24度交角的黄、赤道等。紧附在球外的有地平圈和子午圈，天球半露于地平圈之上，半隐于地平圈之下，天轴则支架在子午圈上，天球可以绕天轴转动。水运浑象仪形象地表达了浑天思想，并解释了若干天文现象。张衡还利用当时已得到发展的机械方面的技术，巧妙地把计量时间用的漏壶与浑象联系起来，即以漏水为原动力，并利用漏壶的等时性，通过齿轮系的转动，使浑象每日均匀地绕轴旋转一周，这样浑象也就自动地、近似正确地把天象演示出来。张衡的这项创造是唐宋时代得到进一步改进的水运浑象仪的先声，在天文仪器史上占有重要地位。

张衡担任太史令（掌管天文观测的官员）先后达14年之久，所以他在天文学方面的贡献最为突出。在《灵宪》中，他系统地总结了前人关于宇宙生成及演化的思想。除了沿用道家的有生于无的客观唯心主义观点外，张衡还采用了当时得到发展的元气说，比较完整系统地描述了天地万物生成、变化、发展的过程，对后世产生了深远的影响。张衡还提出了五星视运动的重要理论。他用“近天则迟，远天则速”的理论，解释五星运行或快或慢的现象。这表明张衡或许已经认识到五大行星和地球的距离有远有近，而且就同一行星而言，其运动的轨道也时而接近地球，时而远离地球。这又是五星运动快慢与地球距离的定性关系的早期描述。张衡对月食的成因也有初步的认识，他认为月食是由于地球的影子——“暗虚”遮掩了月亮而引起的。此外，他还测得日、月的视直径为365.25/730度（约等于0.5度），同今测值相近。这些论见说明张衡在天文学方面的造诣很深。

在张衡生活的那个时代，较大的地震屡屡，地震成了他十分关切的研究课题，基于对地震及其方向性的认识，特别是从当时建筑中有一种所谓都柱（即宫室中间设柱）的启示，张衡于公元132年首创了世界上第一架地震仪，即“地动仪”。“地动仪以精铜制成，圆径八尺，合盖隆起，形似酒尊”，里面有精巧的结构，主要是中间的“都柱”和它周围的“八道”。尊外面相应地设置了八条口含小铜珠的龙，每个龙头下面都有一只蟾蜍张口向上。一旦发生较强的地震，“都柱”就因震荡失去平衡而触动“八道”中的一道，使相应的龙口张开，小铜珠就落入蟾蜍口中，观者便可知道地震发生的时间和方位。公元138年的一天，地震仪西面的一个龙嘴吐出了铜珠，张衡便断定发生了地震。当时有很多人持怀疑态度，有的甚至认为张衡故弄玄虚，哗众取宠。结果，不久甘肃来人报告说那里地震了。

张衡是个多才多艺的人，他的贡献是多方面的。他研究过地理学，曾绘制了一幅地形图，流传了好几百年，在数学方面，他对圆周率作过研究，取用过π=/10圭3.162值（根号）；他也是当时有名的文学家，有不少文学著作，其中以《二京赋》、《东都赋》最为有名，在东汉的文学史上有一定的地位；他还是个画家，曾被列入东汉6大名画家之一。

张衡是那个时代产生的著名科学家。他能够做出如此丰富而伟大的贡献，有其内在的因素。他博学多识，而且虚怀若谷，“虽才高于世而无骄尚之情”。他不以俸禄少为耻辱，而耻于知识不博，他抱定“约己博艺，无坚不钻”的决心，脚踏实地地进行工作，不为外界的冷嘲热讽所动摇，不为众目仰视而昏蔽，一直在执着地走自己的路。他说过“如果走邪路，即使是捷径，我也不忍心投足”，表明了他实事求是的科学态度．他曾建议“把天下的谶纬之书收集起来，一下子就禁绝”，反映了他反对谶纬神学的勇敢战斗精神。所有这些，都是张衡之所以能攀登上那个时代科学高峰的内在因素。而这些内在因素中尤其重要的是他那刚毅的性格和坚韧不拔的求索精神。

蔡伦革新造纸术

人有不为也，而后可以有为。

——孟子

蔡伦（63～121）字敬仲，桂阳（今湖南郴州市）人，东汉宦官、造纸术的革新者，他把造纸术推进了一个新的历史时期。

蔡伦小时候就到宫廷里当太监。后来得到汉和帝的信任，被提拔为中常侍，管理宫内杂务，也参与一些机要大事的谋划。后来任尚方令，管理宫内的手工作坊，监督工匠为皇帝制造刀、剑和其它器械以及工艺美术品。由于经常和工匠们接触，渐渐地对手工制造产生了浓厚的兴趣。熟悉了工匠们所掌握的精湛制造技艺。他时常亲自动手制造器具，常常为自己能亲手制出比较精美的工艺品而得意。

在蔡伦以前，造纸术的发明和应用就经历了一段很长的过程。在西汉初期就出现了“灞桥纸”。它是用大麻和少量的苎麻纤维为原料而制成的，其制作技术比较原始，质地粗糙，还不便书写。但新的道路已经开辟，迫切的社会要求又催促着技术的改进，可以用于书写的纸张的产生也为期不远了。西汉宣帝时期又出现了“扶风麻纸”。稍后，又出现了“金关纸”，这种纸，色泽白净，薄而匀，一面平整，一面稍起毛，质地细密坚韧，含微量细麻线头，可用于书写。东汉初期，又出现了“额济纳纸”，比金关纸稍好一些。由于造纸术改进比较缓慢，而且生产的数量极少，又很珍贵，所以在很长的历史时期里，还是以竹简和绢帛为主要书写工具的。

蔡伦平时愿意动脑筋，能够细致地观察和发现问题。在宫中，他看见大家用通行的竹木简刻字记事，既不方便，携带也很笨重，而用绢帛为书写材料又太贵重，于是，他开始思索如何能制造出一种取材广泛、经济实用的纸张这一问题。

有一天，他看见有人用丝絮写字，很受启发。他想丝絮既然能造纸，其它的植物纤维不也一样可以用于造纸吗？如果真的能造纸，那用纤维纸书写的方法就可以被广泛地应用了。

想好了就做！于是蔡伦带领工匠们用树皮、麻头、破布、破鱼网作原料，把它们切断、剪碎或捣碎，放在水里浸渍一段时间，再把它们捣成浆糊状，然后把这些糊状物放在席子或木板上摊成薄片，放在太阳底下晒干，这就是造纸的原始方法。晒干后一张一张揿下来就是纸了。这种纤维纸，体轻质薄而适于书写，初试书写，就受到了人们的欢迎。

公元105年，蔡伦把这个重大发现报告给汉和帝，受到汉和帝的称赞，被封为龙亭侯。因此，人们也就把他发明的植物纤维纸称为“蔡侯纸”了。

蔡伦成功地革新造纸术，是与他深入实际、善于观察、勤于求索、勇于实践的品格分不开的。植物纤维纸的发明和应用，是人类造纸术发展史上的一件大事，它标志着纸张开始取代竹帛的关键性转折。从此以后，纸张逐渐地从狭小的宫廷推广到广袤的社会。

当中国已普遍推广蔡伦的造纸方法时，欧洲人还在使用价格昂贵的“羊皮纸”。1400年后，欧洲人才会造纸，而且是跟阿拉伯人掳去的中国造纸工匠学会的。

张仲景攻克瘟疫

君子求诸己，小人求诸人。

——《论语》

张仲景（约150~219）是东汉末年著名的大医学家。他对当时的流行病症及其治疗方法进行了深入细致的研究，建立起一整套流行病的治疗原则，成为后世医家的准绳。后世为了感戴他的恩德，为了纪念他救民于疾渊病海、造福万代的不朽业绩，将他奉为“医圣”，奉其著作为“医经”。

张仲景又叫张机，出生于南阳郡（治今河南南阳市）。他从小就勤奋好学、善于思索，不论什么事，都要刨根问底，求个来龙去脉。他读了很多的书，对那些殚精竭力、勇于钻研为民众排忧解难的官吏和其他人士格外仰慕。他从史书上看到扁鹊为老百姓治病的故事，特别感动，下决心要像扁鹊那样，把救死扶伤、解除世人的病痛之苦当做自己的使命。从此，他刻苦钻研病理，在年青时就掌握了丰富的医学知识。

那时正是东汉王朝的季世，农民起义此伏彼起，一浪高过一浪。大地主、大军阀也为了争权夺利，依据武力，各霸一方。烽火连年，田地荒芜。死尸枕藉，饿殍遍野，天灾之下，瘟疫流行。无情的瘟疫每年都要夺去无数人的生命。张仲景目睹着因病而死去的人以及死者家属痛不欲生的情状，耳闻着病人悲凉的呻吟，心里十分痛苦。他辞去官职，专心研究医学，给百姓看病，横下一条心，非要制服瘟疫不可。

面对着像伤寒这样传染性极强的流行病，当时很多的医家都叹为困惑、束手无策。因此，张仲景清醒的认识到，要想制服这种流行病，是必须下一番苦工夫的。于是，他废寝忘食，翻遍了古代的医书，凡是前人医病的宝贵方法，他都搜集起来，然后进行分析、归纳，真正做到了“勤求古训”。有不明白的地方，他就向自己的老师——同乡人张伯祖求教，以便完整准确地领会以往医家对病理的看法以及治疗方法。张仲景在潜心钻研《内经》《难经》《胎胪药录》等古医典药著的同时，把收获的心得应用于治病救人的实践中去。在实践中，他发现单单依靠前代医家的某些见解和结论，并不能完全奏效。有人说：“天下万事万物，殊途而同归，一致而百虑。”他认为对流行瘟疫的治疗也是如此，医家治病救人的关键，就是遵循病理和药理，对前人的结论不可拘泥，重在实践。于是，他对病理进行周密地观察和揣摩，经常到旷野乡村，不弃村妇野老之见，广泛搜集有效的药方，力争做到“博采众方”。早出，穿雾踏露，不待雄鸡的啼明，晚归，披星戴月，伴着荒野的凄风和野狼的号叫，不管路途多么艰险，身体多么困乏，只要能有所收获，那就是他最大的慰藉。枯荣交替、寒来暑往，张仲景这样不畏艰辛、虚心好学，再加上勤于思考，逐渐掌握了“六经分证”和“辩证论治”的治疗原则，运用这些原则，治好了无数被瘟疫困扰的病人。当他看到这些病人又重新走向生活，额头上斑斑的皱纹都绽开了。

张仲景不但勇于实践，还善于从实践中总结经验。经过认真观察，反复实践，他参考先代医家的见解，综合自己的实践经验，写成了 16 卷的《伤寒杂病论》，把伤寒的病症分辨成六类八型，从而使古代“辩证论治”方法更加具体化了。此后，医生治伤寒感冒，只要根据病人的症状，分辨出属于哪一种类型，再对症下药，就很容易把病治好了。

在《伤寒杂病论》这部医书中，一共记载了治疗传染病的方子 30 个，治疗原则 397 条，此外，还有许多治疗各种杂病的方子。这部书后来散佚，历经后人多次收集整理，今存有晋代名医王叔和改编的《伤寒论》及《今匮要略》两书。《伤寒论》系我国最早论述多种外感热性病的专著。《今匮要略》以论述内科杂病为主，兼及妇科和儿科。张仲景将前人之病因学说、脏腑经络学说同四诊（望、闻、问、切）、八纲（阴、阳、表、理、虚、实、寒、热）结合，概括出一整套六经分证和辩证论治原则，以汗、吐、下、和、温、清、补、消为各种病症的疗法。这些原则为后世医家奉为准绳。

张仲景的医学理论，是中国医学史上一束明艳的花朵，它的根须汲满了张仲景求索的艰辛和百折不挠的意志养液。

马钧革新机械

不怨天，不尤人。

——《论语》

马钧，又名马德衡，是三国时期的魏国人，他是这一时期出现的一位杰出的机械发明家，革新并发明了很多机械，后世人们曾称颂他“巧思绝世”。

马钧出生于扶风（今陕西兴平东南）的一个贫寒的家庭里。少年时，因为家境贫苦，要帮助父亲生产劳动，养家糊口，所以没有机会就师学习，甚至连自学的闲暇也没有。笔砚不能相亲，晨昏难得欢笑，经常为生活而不停地奔波。但是，他在生产劳动中，善于注意生活实际，特别注意生产工具的构造。每逢遇到新见的生产工具，就一遍又一遍地琢磨它的机械原理，以至达到了如痴如醉的地步。耳闻目睹中，他听说了很多诸如“神农尝百草”、“伏羲教稼穑”、“鲁班制锯”、“蒙恬造笔”等为民造福一类美妙动人的传说，目睹了妇女们用旧织机织布和农夫提水稼穑的艰辛，于是头脑中产生了一系列幻想。他想：要是能造出新的既省时又省力的织机和灌溉机械该有多好啊！从此，他在实践中刻苦自学，专心致志地钻研机械设备，干中学，学中干，取得了许多机械制造方面的杰出成就。

当时的织绫机，“50 综者 50 蹑，60 综者 60 蹑”综是使经线分组一开一合上下运动，以便穿梭的机件，蹑为踏具，就是说，有 50 个综这样的机件，就有50个脚踏板来分别控制它们，有60个综这样的机件，就有60个脚踏板来分别操作它们，这样的织绫机笨拙而效率极低，60天才能织出一匹绫，虽然有了某些方面的改进，但效率仍然很低。于是马钧暗暗地下了决心，一定要使织绫机的操作程序简化，提高织绫机的效率。他经过反复思考和实验，改进的关键，在他看来，就是用较少的脚踏板来操作更多的综件。他把50蹑、60蹑的织绫机都改成了12蹑，使操作简便易行，提高了生产效率。此后他发明的名声家喻户晓，人们都把马钧看成是巧思绝世的人。

马钧的兴趣是广泛的，他没有在成功面前沾沾自喜，也没有在人们的赞诩声中陶醉，他深切地感到，织绫机改进的成功，只是自己奋斗的开始，还有更多的事要求自己去投入、去努力。

在马钧之前约半个世纪的东汉人毕岚曾制造了一种叫翻车的洒道机械，但是否是后世用于农业排灌的龙骨水车，难以稽考。马钧猜想着传闻中翻车的模样，思考着它的运行原理，还不时地征求别人对翻车的猜想和判定。这时马钧因发明而名噪天下，在朝廷做了官，住在河南洛阳。在他住宅的旁边有一片坡地，可以种些蔬菜、瓜果之类的东西，就是引水灌溉极不方便。灌溉时节，每天都要用很多人力到坡下的河塘提水，费了好大的劲，可烈日炎炎之下，禾苗和果树的叶子依然黄黄的，浇到田地的水，没有多久就被蒸发掉了，土地仍然干裂着。活生生的现实又进一步激发了他制造新的汲水机械的渴望。他依着地势的坡度，在揣测翻车原理的基础上，终于制成了既轻巧又便于操作、连小孩都能使用的翻车，这种翻车就叫龙骨水车。这种水车，运用了齿轮和链唧筒的转动原理.用一两个人在水源处蹬踏齿轮，随着齿轮的转动，链唧筒也转动，链唧筒载着水就接连不断地由低处向高处的田地转动，将水顺势洒在田地里，将功效提高了很多倍。这种汲水方法，很快传到民间，促进了灌溉农业的发展。

马钧是个肯动脑筋，勇于实践的人。由于成绩显著，受到皇帝的奖赏，官至给事中（当时一种朝官名）。一次马钧和官员们一起聊天时，谈到传说中的指南车问题，有的官员认为黄帝时就有指南车的说法不可信，马钧则坚信古时候确有指南车。这虽是不傲今世，不藐古人的见地，但地老天荒，年代久远，终是难以稽查，因此，双方争执起来。有人讥笑马钧是“巧思致痴，不辨真伪”。但马钧不想和这些人作无谓的争论，他决心在实践中做做看。他征得了魏明帝曹睿的同意，便造起指南车来。可是史书上只提到黄帝靠指南车辨别方向打败了蚩尤，并没有传下图纸，现实中又没有实物可参照。马钧只好根据自己的想像和灵感重新设计制造。由于他平时肯钻研，又掌握了很多机械运动的原理，不久就制成了指南车。指南车制成后，连过去曾经嘲笑过他的大臣也为之叹服。

马钧还奉朝廷的命令，改制了那些不能转动的各种用来观赏玩耍的机械。他把那些不能转动的俑人及其它玩物放在木轮的上面，用流水冲击木轮使其转动，于是木俑便像真人一样动起来，能击鼓吹箫，能跳丸掷剑，也能攀缘绳索做难度较高的倒立，使朝廷上的君臣以及宫中的后妃侍女无不为之惊奇。马钧对武器的革新也很关心，他认为蜀国诸葛亮发明的连弩并未尽善，还有待进一步改进，如能成功，可使效率提高5倍。于是他创制了轮转式发石车，能连续发出大块石头，石块可射出几百步之远。

马钧的发明创造是多方面的。他不论为民还是做官，都在不懈地钻研、探求。丰硕的发明成果对他来说并不意外，春播秋收、春花秋实当是顺理成章的。马钧制造的新式织绫机、龙骨水车、指南车等，都给后继者开辟了道路，提供了经验。他在龙骨水车、指南车的制造中所运用的机械原理，比外国要早2800多年。他不愧为中国古代杰出的机械改革发明家。

贾思勰研究农业

业精于勤，荒于嬉；行成于思，毁于随。

——韩愈

贾思勰，是山东益都（或其附近）人，是北魏末年杰出的农业家，在中国古代农学发展史上占有重要地位。

贾思勰生活在北魏政权由兴盛转入衰亡的时代，曾在北魏王朝做官，任高阳（治今山东淄博市临淄西北）太守。他亲眼看到北魏孝文帝改革，北魏政权比较稳定和社会经济比较繁荣的景象，也亲身经历了北魏政权的衰落，并为北魏的没落深感担忧。他读了许多儒家经典，继承了儒家学说中有关治道的合理因素，他认为先贤所讲的“民为贵，君为轻”，“仓廪实而知礼节，衣食足而知荣辱”并非虚言，要想使政权稳固，社会安定，必须发展农业生产，使百姓丰衣足食，安居乐业，否则将会产生难以预料的隐患。在为官期间，他引证历史经验，多次建议北魏政府向历史上提倡劝课农桑，对农业生产做出贡献的人物学习，注意发展农业生产，做好“安民”工作，以稳定和巩固封建政权。他认为要搞好农业生产，必须对以往的农业生产加以认真地总结，从而指导农业生产。为了对以往农业生产经验进行很好的总结，他做了大量的扎扎实实的工作。

首先，他对《氾胜之书》、《四民月令》等大量的前人农学著作给以反复的钻研。对于前人的经验，他不采取轻信的态度，而是要“验之行事”，在实际生产中去检验，在实际调查中去修正、补充。他广泛地考察了今河南、河北、山东等地的农业生产实际，像古时候朝廷派到民间采风的官吏一样，把各地及沿途中所听所传闻的有关农业生产的歌谣、农谚搜集起来，虚心地向那些长期从事农业生产的老农夫询问求教。日积月累，不仅掌握了丰富的第一手资料。还对先代农学家的经验给以一定的修正和有力补充。贾思勰也曾从事过农业生产，在生产中也积累了一些经验。这些都为写作一部总结性的新农术提供了可靠的资料来源。经过辛勤的努力，终于撰成了《齐民要术》这部农书。

《齐民要术》一书，所征引的书籍达一百五六十种，共10卷92篇。内容包括土壤整治、肥料施用、精耕细作、防旱保墒、选种育种、粮食与蔬菜作物栽培、果树培植和嫁接、畜禽饲料和畜禽医治、食品加工和储藏，以及野生植物利用等等，充分地反映了当时我国北方农村生活状况和社会经济状况，为中国古代不朽的农业科学巨著。

在农学思想上，贾思勰的一系列见解，也对以后的农业生产产生了深刻的影响。从农业典籍和生产经验的搜集、整理和研究中，贾思勰认识到，气候有一年四季的变化，土壤也有温、寒、燥、湿、肥、瘠的区别，农作物的生活和生长既有其自身的规律，又因时因地而各有所宜，要获得农业生产的好收成，就必须了解农作物的生活规律和所需生活条件，顺应农作物的生长要求。他继承了中国农学注重天时、地利和人力三大要素的思想，特别强调农业生产的基本原则：“顺天时，量地利，则用力少而成功多。任情返道，劳而无获。”要求人们掌握农作物的生活和生长规律，依据天时、地利的具体特点，合理使用人力。否则，违背客观规律，将造成“劳而无获”的结果。这一基本思想贯穿于《齐民要术》全书始终。但是，贾思勰并没有要人们仅仅被动地去顺应天时、地利。他对人力的作用非常重视，要人们在掌握农作物生长和天时、地利关系的同时，能动地利用“地利”，创造农作物的最佳生活环境，并采取各种促进农作物生长的经营管理措施，以求获取更好的收成。在经营田地时，他要求根据人力情况，合理安排，在《齐民要术》各篇中，贾思勰都着意地介绍和评述如何合理利用人力、物力，搞好经济管理的重要性。这种把天时、地利、人力有机地结合起来，强调因时制宜、因地制宜、精耕细作、合理经营的思想，在中国古代农业生产中占有深刻的影响。

《齐民要术》，顾名思义，就是治理百姓的重要方法。贾思勰能把政治问题、社会问题同经济问题，具体地说是农业生产问题，联系起来加以考察，并能对农业生产经验进行专门探索，他的思想可谓博大精深。这种贯穿古今综合各类的探索方法，为后人进行科学研究和探索提供了宝贵的经验。

祖冲之求是创新

> 欲穷千里目，更上一层楼。
>
> ——王之涣

祖冲之（429～500）字文远，范阳道（今河北涞水县北）人，是南朝宋、齐时的数学家、天文学家和机械制造家，也是世界科技史上的杰出人物。

祖冲之出生的家庭几代人对天文、历法以及机械制造方面都有比较深入的研究。他的祖父祖昌，在宋朝做了一个管理朝廷建筑的长官。在这样的家庭气氛熏陶下，祖冲之自小时候起就受到了良好的教育，读了不少书，大家都称赞他是个博学的后生。他特别爱好数学，也喜欢研究天文、历法，经常观测太阳和其它星球运行的情况，每一次观测，都做一次详细的记录。

宋孝武帝刘骏听到他的名声，派他到一个专门掌管学术研究的官署"华林学省"工作。他对当官并不感兴趣，但是在那里，便于博览群籍，可以更加专心研究数学、天文、历法了，于是，他就应召赴任了。

在祖冲之以前，有个名叫刘徽的数学家，利用割圆术从圆内接正六边形算起，边数逐步加倍，一直算到圆内接正192边形的面积，算得了圆廊率即，π的近似值为3.14。祖冲之应用了刘徽的割圆术，并在刘徽的计算基础上继续推算，求出了精确到小数点之后第7位有效数字的圆周率，即$3.1415926 < \pi < 3.1415927$。这一结果，相当于需要对九位数字的大数目进行各种运算（包括开方在内）130次以上，这在今天用笔算运算也是一项十

分繁复的工作，而在当时是用算筹运算的，更不知要艰巨多少倍。从这里，可以看到祖冲之付出了多么巨大的劳动，需要多大的毅力和信心。

祖冲之所求得的圆周率数值，远远地走在了世界的前列。直到1000年后，15世纪阿拉伯数学家阿尔·卡西于公元1427年著《算术之钥》和16世纪法国数学家维叶特于公元1540～1603年才求出更精确的数值。为了计算方便，祖冲之还求出用分数表示的两个圆周数值。一个是355/113，称为密率；一个是22/7，称为约率。密率是分子、分母在1000以内表示圆周率的最佳渐近分数。在欧洲，16世纪的鄂图和安托尼兹经过运算，才得出这个数值。

在天文学领域中，祖冲之也取得了辉煌的成就。他在探古今之异，观华戎之要，对历代历法进行系统的研究过程中，一方面开动思想机器，极力思考研究的途经和方法，一方面坚持实际观测，他亲自用圭尺量日影、亲自观测漏时计的情况，一丝一毫也不肯马虎而过。通过对历代历法的研究，他发现古时的历法疏陋错舛之处很多，划分得也不精密，他指出了天算历法家刘歆、张衡、刘徽、何承天等人的不足，大胆地提出了改革历法的主张。他根据长期观测的结果，创造出一种新的历法，叫作“大明历”。这一历法测定的每一回归年的天数跟现代科学测定的结果只相差50秒；测定月球环行一周的天数，跟现代科学测定的结果相差不到一秒。可见它的精确程度了。

研究和推行科学，不仅要受到客观条件和科学研究方法的制约和限制，而且还要受到来自社会的传统观念和传统势力的阻挠。公元462年，祖冲之请求宋孝武帝颁布新的历法，宋孝武帝便召集群臣商议。当时，有一个皇帝宠幸的大臣戴法兴出来反对。戴法兴拘泥于陈腐的传统观念，抱残守缺，他无视祖冲之提出的“冬至所在，岁岁微差”的事实，对祖冲之横加非难。他认为祖冲之擅自改变古历法，是离经叛道的行为，提出古人的章法不能改变，攻击祖冲之改革闰周是“削闰坏章”。祖冲之没有被戴法兴的攻击诬蔑吓倒，他当场用自己研究的数据回驳了戴法兴。戴法兴仗着皇帝对他的偏爱，蛮横地说：“历法是古人制定的，后代人不应当改动。”祖冲之据理力争，严肃地说：“你如果有事实根据，就只管拿出来辩论，不要拿空话吓唬人嘛。”宋孝武帝为了帮助戴法兴，找来一些懂历法的人跟祖冲之辩论，也一个一个地被祖冲之驳倒了。尽管如此，由于戴法兴是宋孝武帝刘骏的宠臣，大家都畏惧他的权势，既然戴法兴对祖冲之提出异议，商议的人就都跟着戴法兴附和，以免得罪当道。当时，支持祖冲之观点的，在朝臣中只有一人。这是一场科学与反科学的论战。事后，由于宋孝武帝还是不肯颁布新的历法，直到祖冲之去世10年之后，他创制的大明历才得到推行。事实验证了祖冲之生前的预言，即大明历的推行势在必行。

除了对数学、天文历法方面的贡献外，祖冲之还是个多才多艺的机械发明家。他制造的指南车，不管车身怎样转弯，车上的铜人总是指向南方；他还制造过“千里船”，在新亭江上试航过，一天可航行100多里；他还利用水力转动石磨，叫做“水碓”，可用来舂米碾谷子。

祖冲之勤于治学，善于分析思考，他治学态度严谨，博访前故，远稽昔典，搜集自古以来的大量文献资料和观测记录，并对之进行系统深入地分析研究，从前人的科学思想和成就中吸收了丰富的营养。他不虚推古人，富于批判的精神和探索的勇气。他在掌握大量资料的同时，坚持实际考核验证，既发扬了前人的成就，又纠正了前人的错误，横下一条心，用心求索，攻克了一个又一个科学难关。他这种求是创新，勇于探索的精神也是一切科学家和改革家所应具备的宝贵品格。

李清照夫妇苦研金石学

志不强者智不达。

——《墨子·修身》

宋朝的李清照（1084～1151）和赵明诚，是中国古代夫妻好学的典范。

他俩志趣相同，勤奋学习，精心研究金石艺术的故事，历来被传为佳话。

李清照，号易安居士，山东济南人，是宋朝著名的女词人。她嫁给赵明诚时年18岁，当时赵明诚还在太学里读书，家庭情况很不宽裕，夫妻俩省吃俭用，过着俭朴的生活。他们两人都十分酷爱金石艺术，常常互相切磋，每逢初一、十五，太学放假，赵明诚总是拿些衣物到当铺去质押五六百文钱，步行到相国寺的书摊上，买几本有研究价值的金石碑刻，回家与李清照共同探讨。

2年以后，两人对金石艺术摸到了门径，就立志要“穷尽天下古文奇字”，一一加以研究。他们勤奋地摹写坊间不易见到的孤本书和金石拓片，生活克勤克俭，积下钱来购买名人书画和古玩奇器。

有一次，有个画贩知道李清照夫妇喜欢收藏书画，就拿了一幅南唐名画家徐熙的代表作《牡丹图》向他们兜售，要价20万钱。夫妻俩见画后如获至宝，先把画留下来，然后翻箱倒柜，估算家里可以典卖的一切衣服什物。可是估算了几个晚上也还是凑不足这笔钱，只好把画还给画贩。为此，夫妻相对惋惜不已。

后来，赵明诚考试及第，在青州和莱州一连做了两任太守，生活宽裕些了。于是，便大量搜集书画古玩，从中研究古文字的演变，订正古史中的谬误。

这以后，为了加快研究的进度，他俩不再像以前那样一个人说出一件古书上记载的事，另一个人说出这件事见于某书、某卷、第几页、第几行了，而是分头去研究。每当夜深时，这对夫妇常常是一方被劝回到床上休息后，劝人者却又坐到了桌前。

因为李清照夫妇如此勤奋努力，所以获得了丰硕的成果。几年以后，他们收藏的金石碑刻达到了2000卷，他们对每一卷都进行了系统的研究。最后，夫妻俩通力合作，分头整理，写成了在考古学上有着重大参考价值的《金石录》一书。

郦道元专著《水经注》

少壮不努力，老大徒伤悲。

——《汉乐府·长歌行》

郦道元（466～527），字善长，范阳涿鹿（今河北涿县）人，他是北魏时期杰出的地理学家、散文家，一生勤奋好学，既周览典籍，又重视实地探察，为后世留下了不朽的地理学专著——《水经注》。

郦道元少年时，喜好读书，尤其喜欢读那些记录山川地势、风俗人情、掌故传说一类的书籍。他常常在梦中游历那些名山大川，山势的险峻雄奇，江河的汹涌巨涛，常常使他在梦中惊醒，他幻想着有一天能走遍神州的山山水水，那些奇山秀水、历史掌故及优美的传说多么令人心驰神往啊！还在很小的时候，他就跟随他的父亲去了山东，后来长大了，又先后在山西、河南一些州郡任地方官。所到之处，他搜集地图，按照地图所示，亲自到旧址遗迹踏察；每到一处，就造访该地的大江和河渠。连绵不尽的河水，使他兴奋地去追索着它的昨天，追索它的青春、它的幼年，去探究它滥觞的渊泉，去寻觅它走过的每一个足迹。郦道元每到一处，都对当地的地理情况进行详细的记录。他虽然生活在北魏统治地区，但对全域甚至域外的地理情况也非常关注。他深感神州的山山相连，水水相通。在从事地理研究和考察的过程中，郦道亢逐步觉察到以往的地理著作，诸如《山海经》《禹贡》《周礼·职方》《汉书·地理志》等，在记述山川地理情况方面，都失之简略，都赋一类的作品由于体裁的限制，更不能畅述达意，比较著名的《水经》，虽然记载了很多大川水渚，但都极粗略，属于纲领性的记载，而且只记述水道，至于水道以外的其它地理情况，罕记一二。郦道元清醒地认识到．地理现象是在不断变化着的，随着时光的流逝和年代的推移，人们对于上古地理情况的认识已很渺茫，加上部族的迁徙，城市的兴亡，河道的变迁，地名的更换等，地理情况发生了复杂的变化，正所谓沧海桑田。历史上的著作，已经不能满足人们现实的需要了，他还觉得把历史上的地理变迁尽可能详细地记录下来，可备遗忘，可订正舛误，也可以方便查阅，减轻不少翻阅史卷的麻烦，这是十分有益的事。因此，郦道元决心写出一部超出前人而又有益后世的地理学著作。

在郦道元以前的三国时期的桑钦所写的《水经》一书，简要地记述了全国137条水道。郦道元以《水经》为蓝本，经过艰苦的努力，最后著成了描述全国地理情况的《水经注》。

《水经注》的内容十分丰富，郦道元以大量的地理事实详注《水经》，并系统地进行了综合性的记述，既赋予地理描写以时间的深度，又给予许多历史事件以具体空间的真实感。书中以河道水系为纲，详细地记录了河流流经地区的地形、物产、地理沿革等，尤其对于河流分布、渠堰灌溉以及城市位置的沿革记述最为详细，而且具有清楚的方向、道里等方位和数量观念。全书在一定程度上反应了当时的地理面貌。有些地区我们可以依据《水经注>较真实地复原一千四五百年前的地理情况，对现今的经济建设仍有一定的参考价值。

《水经注》共计40卷，记述的河流水道比《水经》所记述的多出1115条，注文20倍于原文，约达30万字，所引用的书籍达430多种。如果没有长期的资料积累和深入广泛的实际踏察，何以做到这一步！《水经注》对地理情况的记述，纵横交错、经纬分明、描写生动、文字优美，可以说《水经注》是一部兼有文学和史学价值的地理名著。如果没有精熟的构思和非同寻常的文字锤炼工夫，又何以致此！

只可惜！这位杰出的地理学家后因执法严峻并弹劾汝南王元悦，遭元悦忌恨，于公元527年受谗言加害，被雍州刺史萧宝夤杀害。执着求索真善的理想在宦海中换来的却是生命的代价！

刘知几对史学的探索

读书百遍，其义自见。

——《三国志》

刘知几（661 ~721）字子玄，彭城（今江苏徐州）人。他是唐代著名的史学家，也是中国古代史上杰出的史学评论家。他所著的《史通》是中国第一部比较系统的史学评论专著，在中国史学史上占有重要的地位。

刘知几诞生于世禄之家，有着良好的家学渊源。他的祖父刘胤之、父亲刘藏器都是通晓经史之士。刘知几自幼便习经游艺，博览群籍。刘知几很有个性。在读书方面，不唯命是从，依样画葫芦，盲目因循，而是依性情学习，以理解为快，在理解基础上展开学习。17 岁时，他读遍了唐以前的各代正史和实录，并注意到了“古今沿革，历数相承”的问题。20 岁科举试中后，任获嘉县主簿，有不少时间读史。他如饥似渴地阅读从官府和个人手中借来的史书，扩大了历史知识，增长了对史学的认识，并有了不少心得。如认为班固的《汉书》不该立《古今人表》，谢沈的《后汉书》应该为更始皇帝刘玄立“纪”等。当时的一些学者听说此事，都认为他年少轻狂，胡言乱语。但刘知几仍坚持自己的见解。他带着批判的眼光去批史书，研核史学，这种学术性格，为其日后在史学上的建树提供了主观条件。

刘知几过了不惑之年，才开始担任史官。先以著作郎兼修国史，不久迁居左史，编撰起居注。担任史官，对具有浓厚史学兴趣和较高史学修养的刘知几来说，可谓用得所学，任当其职了。刘知几立志成就足以惩恶劝善传诸不朽的良史，然而事实并非如他想的那么完美，那样从心所欲。监修国史的官员，既不晓疏通知远之旨，又不娴属辞比事之法，指手画脚，摘取名誉。而且，监修又不止一人，他们之间意见又常常不一致，使亲自编写的人不知道如何是好，加之世家大族对修国史横加干预，要尽快修成国史是很难的，倔强的刘知几经常和监修争执，自己的见解得不到监修的采纳，于是，刘知几为了实现自己的愿望，便私下著《史通》，从而走上了史学批判的道路。

《史通》，对唐以前的史学进行了全面而深入的探讨，建立了体用统一、文质相济的史著理想模式。在史书体裁上，《史通》对以往各家各派的史书体裁进行了分析和比较，认为断代纪传体是史书内容赅备和维持一代之史完整的形式保证。刘知几重视义例，以求得史学目的和史书编纂方法的统一，他把儒家名教观念作为义例的本质。在史书内容上树立了真实、赅备两条重要标准，在史书的整体结构和叙述上，追求爽洁和凝炼的风格，把史用贯穿于史书编纂的各个环节中。

刘知几还阐释了史兼“三长”、直书为贵的史家修养论。他一方面继承了孔子、孟子、班固、范晔等先代史家开列的“文”、“事”、“义”等范畴，并把它提升到史家主体这一层次来探讨，另一方面又袭取了刘邵《人物志》中提出的兼才三品的形式，对史学家提出了才、学、识三个方面的要求。在他看来，“识”是既相对独立又贯穿于“才”、“学”之中并起统帅作用的主导要素。

刘知几还提出了兼善忘私、因俗随时的史学承创原则。这两条具有鲜明时空性的原则，既是他于历史人事的评价原则，又是他在史学领域继承和创新的原则。冲击了泥古的积习和主观任意的偏见，具有一定的开放性。

刘知几是对唐以前史学加以系统总结的第一人，对史识和史学的功能起了澄清和扶正作用，为唐以前史学落下了帷幕。他维护史学的客观性，重视和强化史学的经世功能，和唐以后史学重制度、求沿革的脉膊是一致的。尤其他强调史家自身修养，促进了史家自我意识的觉醒，这构成了唐以后史学的一个潜在的变奏。所以从思想精神的取向上看，刘知几的史学批判是继往开来的史学驿站。

刘知几在史学上能做出如此巨大的成就，是和他在史学的园地里，基于理性，追求真理勇于探索的勇气和韧劲密不可分的，面对浩如烟海的史籍，他不畏难，对世家大族的淫威他不惧怕，奉为圣人的“至理名言”他也实事求是地加以分析、批驳，写出了“疑古”、“惑经”等闪烁理性光芒的奇文卓篇。刘知几追求真理的勇气和敢于探索的精神，是永远值得我们继承和发扬的。

沈括潜心钻研科学

差之毫厘，谬以千里。

——宋·陆九渊

沈括（1031～1095）字存中，北宋钱塘（今杭州）人。他是中国乃至世界古代史上少有的多才多艺的政治活动家和杰出的科学家。

沈括的母亲精通文理，沈括从小就跟母亲刻苦学习，阅读了丰富的古代典籍，但他并不迷信书本，善于独立思考，常常以自己的见闻去检验书本上记载的东西。书上讲错了，他就大胆怀疑，不管书的作者是圣贤之辈，还是什么别的权威。东汉时的大经学家郑玄，在为一本经书作注时，把“车渠”解释为“车轮的外圈”。沈括在东海之滨看到有一种贝类动物，大的有簸箕那么大，当地的人们称之为“车渠”。因此，他断定郑玄的注释是错误的。

在读书和实践的过程中，沈括善于独立思考，并且不时地提出自己的主张和见解，为了弄懂一门科学，他往往要花费几年十几年，甚至几十年的时间。他考中进士不久，就开始自学天文、历法，后来主持司天监的工作，更加刻苦地进行天文观测。他主持司天监工作时间，力主在实测日、月、五星行度的基础上改进历法。他亲自推荐和积极支持精于历术的淮南人卫朴进行改历工作，于1704年修成了奉元历。沈括对五星运行的轨迹和陨石坠落时的情景，均作过翔实而生动的描述，这是他进行认真仔细观察的结果。为测验极星与天北极的真切距离，他亲自设计了能使极星保持视场之内的窥管，并用它连续进行了3个月的观测，每夜观测3次，一共画了200多个观测图，进而得到了当时的极星“离天极三度有余”的结论。沈括对晷漏进行了长达10余年的观测和研究，获得了超越前人的见解，如他第一次从理论上推导出冬至日昼夜一天的长度“百刻而有余”，夏至日昼夜一天的长度“不及百刻”的重要结果。沈括坚持了“月本无光”，“日耀之乃光耳”的科学认识，并用一个圆球，将其一半用粉涂抹，侧视的时候，有粉无粉的分界处呈现出钩一样的形状，正视的时候，就呈圆卷状，形象地演示了月亮盈亏的现象。

沈括十分重视观测手段的改进，熙宁七年（1074）7月，他向朝廷进呈了自己研制的浑仪、浮漏、影表三种仪器，分别对测量天体位置、时间与日影长短的三种天文仪器．提出了经过深思熟虑的改进意见和设计方案，对于观测精度的提高，大有裨益。

针对传统的阴阳合历在历日安排上的缺欠，沈括大胆地提出了自己的建议，他主张使用与农业生产关系密切的12气历，即以12节气为一年，以立春为一年之始，大尽31日，小尽30日，一大一小相间，即使有两个小月相连，一年里只有一次。这样就可以做到。年年齐尽，永无闰余"，而把传统的月相变化的内容仅作为历注书名。沈括这一建议既简便又科学，比起现行的公历——格列高利历还要合理。沈括的建议在当时未被采用，反而招致了一些人的不同寻常的责骂，但他相信在以后的岁月里会有采用他的建议那一天的。果真在其后800多年，英国气象局的确使用了与12气历十分相似的肖伯纳历，用于农业气候的统计。

在数学方面，沈括的研究课题有“隙积术”和“会圆术”等。“隙积术”是求解垛积的问题，这属于高阶等差级数求和问题。对此，沈括创立了一个正确的求解公式，并开辟了一个数学研究的新方向。“会圆术”是一个已知弓形的圆径和矢高求弧长的问题，沈括推导求得弓形弧长的近式公式，元代王恂、郭守敬等人授时历中的“弧矢割圆术”就利用了这个公式。

沈括在物理方面的成就是多方面的。在对于磁学的研究上，他对指南针四种装置的明确记述和所进行的优劣比较，说明他是亲自进行一番观察和实验的。他发现磁针“常微偏东，不全南也”的现象，这是关于磁偏角的最早记载，比西欧的记录要早400年左右。沈括还曾认真地作过凹面镜成像的实验，得到了较《墨经》前进一步的结果。对于中国古代光学杰作透光镜，沈括也进行了细心观察和研究。沈括以铸镜时冷却速度不同来解释，虽然不一定符合历史事实，但他的探究的精神，是值得称道的。沈括又曾作过用纸人进行共振现象的实验。他剪一个小纸人，放在基音弦线上，拨动相应的泛音弦线，纸人就跳动，弹别的弦线，纸人则不动。这个实验比欧洲人所做的类似实验要早好几个世纪。

在地学方面，沈括也有独到的探索和研究，做出了不少贡献。1074年4月，沈括到浙东地区察访，看到“峭峻险怪、上耸千尺、穹崖巨谷”的雁荡山诸峰的地貌景观，明确地提出了流水侵蚀作用的自然成因说。他还认为我国西部黄土地区“立土动及百尺，迥然耸立”的地貌特征，也是同一原因造成的，为这两个不同地区的地貌情况提供了科学的说明。同年秋，他到河北察访，发现太行山麓之间，往往衔有螺蚌壳以及圆滑如鸡蛋的石头，横亘的石壁像带子一样绵延整齐。他就说：“这是从前的海滨”。他进一步提出华北平原是由于泥沙的淤积而造成的，这些都是沈括独到的见解。公元1076年，沈括接受了编制《守令图》的任务。当时，他因受诬被贬，住在湖北随县的一所庙里。在3年的时间里，寒冷、潮湿和寂寞，都没有使他屈服。他不断地修补没有画完的地图。后来遇赦，移居浙江，他在途中实地考察了湖北、江西两省的部分地区，获得了修补地图的第一手资料，改正了旧地图上的错误。1087年，终于完成了由20幅地图组成的地图集，其中最大的一幅高一丈二尺，宽一丈。图幅之大，内容之详，在历史上是罕见的。

沈括一生大部分时间在朝廷为官，但实质上是一生为科学事业而忘我地探索着，奔波着。他58岁退出官场，但他仍继续着始终为之奋斗的事业。他隐居在润州丹德县的梦溪园，砥励斗志，奋笔疾书。经过8年的努力，将自己一生所见所闻及研究心得以笔记文学的体裁写成了《梦溪笔谈》这部内容涉及天文、数学、物理、化学、生物、地质、地理、气象、医学、工程技术、文学、史学、音乐和美术的著作。其中自然科学部分，总结了我国古代，特别是北宋时期的自然科学成就，详细地记载了古代劳动者在科学技术方面的贡献，是世界科技史上的一份宝贵遗产。沈括那种勇于求索、敢于超越前人的攻坚精神也是人类的一份珍贵财富。

郑樵编著《通志》

盛年不重来，一日难再晨。

——晋·陶渊明

郑樵（1103～1162）字渔仲，号夹漈，福建兴化人。是南宋初年的著名史学家。他所撰述的《通志》，是继司马迁之后纪传体通史的续作，对封建史学的发展产生过重大影响。

郑樵出身于世代仕宦家庭，自幼资质和常人不同，而且勤奋好学，记忆力特别强。自少年时代起就立下志向，“欲读古人之书，欲通百家之学，欲讨六艺之文而为羽翼”表现出宏大的气识和志量。他对宦途并不热心，父亲亡故后，便和弟弟到城北郊的夹漈山，因陋就简，修筑三间草堂。一起切磋学问，过着怡然自得的山林生活。常常是“寒月一窗，残灯一席”。他白天整理简册，晚来观察星象，爱惜每一寸光阴，不敢虚度岁月。他带着批判的眼光去读书，随着知识的积累，他发现前人的著述有许多错舛和疏漏，尤其重要的是，他对唐代儒学大师的繁琐注经办法和宋儒的主观臆断有了新的认识，他认为唐儒繁琐失义，宋儒只尚空谈，他要集天下之书为一书，写出一部有益于后世贯通古今的通史。由于家道败落，生活越来越困窘，但是，无论是风晨雪夜、还是厨无烟火，他都记诵不休，执笔不绝。为了实现理想，他奋斗了30年左右，历尽艰辛，以顽强的毅力，有计划地坚持实践。这期间，有人三次举荐他为“孝廉”，两次推举他为“遗逸”，他都不动心。他把整个身心全投入到著述中。就是这样，他终于著成了长达200卷的《通志》。

《通志》是继司马迁《史记》以后又一部贯通古今的纪传体通史。在体例上，除纪、传和以前纪传体史书相同外，“谱”即相当于各史的。“表”、“略”相当于各史的“志”。“世家”仿《史记》，“载记”仿《晋书》，文字大多袭用旧史。其中的“二十略”是全书的精华，一向为史家看重。这二十略包括：氏族、六族、七音、天文、地理、都邑、礼、谥、器服、乐、职官、选举、刑法、食货、艺文、校雠、图谱、金石、灾祥和昆虫草木，以此把历代典章制度、学术文化分门别类地加以记载，逐一阐述其源流演变，且提出了一些新见解，真可谓“网罗宏富，体大恩情”。若是没有广博的知识和独到的学识，何以至此？

郑樵为了广泛地占有材料，四处求访藏书，遇到有藏书的人家，便留下来仔细阅读，直到读完才离去。经过10多年的辛勤寻访，获得了丰富的文献资料，为进一步研究和著述打下了坚实的基础。他尽览典籍，却不迷信前人成说，他研究《书经》是从校对今古文《尚书》入手；研究《诗经》，则认真辨别鲁、齐、韩三家诗的差别；研究《春秋》也是从三家所传的异同入手，从文字歧异发现问题，经过考订，择善而从。他还主张写“通史”，因为只有通古今变化，才能资鉴现今。郑樵除了关注书本外，还注重实地考察。他在夹漈山研读时，便时常“与田夫野老往来，同夜鹤晓猿杂处，不问飞潜动植，皆欲究其性情”。正是他有如此严谨的治学方法，正因他有几十年如一日的坚强毅力，才造就了他的博大学识，在历史学和文献学方面做出了杰出的贡献。

李杲倡导“脾胃学说”

书到用时方恨少，事非经过不知难。

——陈廷焯

李杲（1180～1251）字明之，南宋真定（今河北省正定县）人，晚年自号东垣老人，是中国古代金、元之际的杰出医学家。

李杲勤奋好学，勇于探索，对《内经》《难经》等古典医学书籍都认真学习，并作了深入的研究，获得了丰富的实践经验，对中医学理论有较深的造诣。他一生除了深入研究医学典籍，精心习医和忙于诊务外，还著有《伤寒令要》《兰室秘藏》《内外伤辨惑论》《脾胃论》等医学著作，特别是《内外伤辨惑论》《脾胃论》两书，对中医学术的发展影响很大，受到后世医家的广泛重视。

李杲富有创造精神，师古而不泥古，不墨守成规。对前代医家的学说，总要在亲身实践中加以检验。他结合自己几十年的医疗实践，创造性提出了“脾胃学说”。他认为人体的强壮康健，各个组织器官的活动功能，都必须有相应的营养物质作为基础。而机体各种营养物质的来源，最重要的是依赖“脾胃”的不断摄取，和消化饮食物转化而成。因此一旦脾胃功能受到伤害，就要发生疾病。体质虚弱的人在患病之后。由于脾胃功能低下，机体所需要的各种营养物质生化无源，机体各组织器官也相应低下，协调作用也差，治疗就比较困难，并能使疾病转成慢性疾病。所以他创造性地提出了人以脾胃为本和“内伤脾胃，百病由生”的学术观点，在治病用药方面强调调理脾胃。这种学说，对于“头痛医头，脚痛医脚”的机械治病方法无异是一种批判。

李杲对导致脾胃功能受损，造成体质虚弱的原因，归纳为劳役过度，饥饱失常、寒温不适和长期的过度精神紧张、恐惧。这种把精神情感方面的变化作为发病重要因素的观点，不仅在当时是一个重大发展和突破，而且从现代发病学的观点看，也是很值得重视的。

现在不少医家、医著、科研单位，不仅注释了李杲的《脾胃论》等医学著作，而且在研究脾胃的生理、病理现象方面也更加深刻了。但追根溯源，还是在《脾胃论》等理论的基础上发展和深化的。

李杲之所以能取得如此重大的医学突破，是和他一丝不苟、刻苦钻研的探求态度密不可分的。他对每一病例，都深究始终，并且进行了大量的记录。《脾胃论》一书，是他在去世的前两年写成的。当时他是年已古稀的人了，并且身体特别虚弱，尽管如此，他仍然不舍昼夜地翻阅书籍和整理浩繁的医案，着实有些“烈士暮年，壮心不已”的劲头。《脾胃论》是他一生心血的结晶，也是他执着探求精神的凝聚。

宋慈与《洗冤集录》

> 学如逆水行舟，不进则退。
>
> ——《增广贤文》

宋慈（约1186～1249）字惠文，建阳（今属福建）童游里人，是南宋著名的法医学家。

宋慈自幼勤奋攻读，好学不倦，善于推理，长于思辩。入太学后，他成了理学家真德秀的学生。宁宗嘉定十年（1217），宋慈登进士第。他曾任长汀县令，当时长汀一带盐价昂贵，贫民无力食盐，贫民们时常为了生活，铤而走险，猎取私盐。针对这种情况，宋慈认为，盐价昂贵的主要原因是运途远、运价高，于是，他改变了运盐的路线，直接从广东潮州起运，节省了大量的运费，从而降低了食盐价格，杜绝了贫民赌命猎取食盐的行径。端平二年（1235），宋慈被任命为邵武军（今属福建）的通判，不久又改任南剑州通判，当时浙西闹饥荒，一斗米价值万钱，宰相李宗勉向宋慈征求如何救济的意见，宋慈认为，豪门大户，隐匿户口来逃避国家的税收，并且整天在家里屯积粮食，以备谋取暴利。这样，贫苦的百姓不仅要为豪门大户承担税务．还要高价去购买大户的粮食，所以就倍受饥荒之苦了。他主张把民户分为五等。第一等民户要一边免费救济贫民，一边把粮食平价卖给贫民，第二等民户可直接把粮食平价卖给贫民，第三等民户可保持原状，第四等民户可接受救济贫民粮食之半，第五等贫民，可完全接受救济，这些民户的救济粮由官府发给。实行的结果很好，大家都愿意奉命而行，百姓很少有挨饿的。宋慈逢事总愿不断地思索直到考虑出比较完善的对策才罢手，因此，不管遇到多么棘手的问题，他都能给予妥善的处理，在他为官处理政务的过程中，这种执着的求索精神一直在发扬着。

嘉熙元年（1239），宋慈充任广东提点刑狱（官名，掌司法事务）。这是宋慈四任提刑中的第一次。宋慈一到任所，就调查研究，注意如何解决存在的问题。他认识到清理多年不断的积案，是身为提点刑狱这样的监司大员施行职权的当务之急。当时广东由于长期以来官吏多不奉公守法，所以监狱中有很多被囚禁多年而没有得到法律公断的人。宋慈立下规约，审阅处理，限期清除积案。最后，经过了 8 个月时间，解决了 200 多待决之囚。同时，他以监司的身份，深入下层，详细调查，询问隐情，到处为那些蒙受不白之冤的人雪冤，禁止扰乱治安的违法行径。经过了一段时间，宋慈又从广东移至江西，任江西的提点刑狱，兼任赣州的知州，解决了江西、福建、广东之间边境上的武装贩盐问题，使这些地区道路通畅，秩序安定。南宋政府还把宋慈所行关于处理食盐的办法颁下浙西诸路，作为效仿的模范。

宋慈在长期担当提点刑狱的监司重任中，多年如一日地谨慎处理各种狱案。他认为“天下没有比保护生命更重要的事情，没有比死刑更严酷的刑罚，在有关死刑的案件中，没有比究查初情更值得重视的”。他处理每一件案子．事先都把案子前前后后的情况摸个一清二楚，一人的证词要反复核实，出之众口的供词，也要加以反复核实，凭确凿的事实，依法断案，而不单凭现有的供词与律条的简单对应来定案。因此，在深究严察的过程中常常使那些幕后的身为豪门大姓的人受到法律的制裁，也常常使已结多年的冤案重新昭示于世。金钱的诱惑他不动心，恶相的威胁和繁琐的案情他不畏难，他关注的是断案的公正，他极力探求的是案情的真实面貌。他每审理一案，都审之又审，不敢使自己产生一点漫不经心的轻视情绪。

他根据自己在四任提点刑狱期间多次的审案和执法检验时的现场经验，综合了《内恕录》等数种专书，于1247年写成了《洗冤集录》一书。全书共5卷，卷一载条令和总说，卷二验尸，卷三至卷五载各种伤、死情况。《洗冤集录》记述了人体解剖、检验尸体、检查现场、鉴定死因、自杀或谋杀的各种情况、各种毒物和急救、解毒的方法等十分广泛的内容。书中对于自杀、他杀或病死的区别十分注意，案例详明。如对溺死与非溺死、自缢与假自缢、自刑与杀伤、火死与假火死等都详细地加以区分，并列述了各种猝死情状，书末附有各种救死方。这部书中所记载的女洗尸、人工呼吸法、夹板固定伤断部分、迎日隔乎验伤、以及银针验毒、明矾蛋白解砒毒等等都是符合科学道理的。此书后来成为后世法医著作的主要参考书。自晚清以来，逐渐传到国外，译成将近10种文字，成为世界伟大的和最早的法医著作。

《洗冤集录》这部世界著名的法医学专著是宋慈严谨求实，不断探索取得的，他知难而进，探流索源的意志和精神是值得我们学习的。

郭守敬一生不懈地钻研求索

天下兴亡，匹夫有责。

——顾炎武

郭守敬（1231～1316）字若思，河北邢台人。他是元代杰出的科学家，一生研究出大量的科学成果，在中国乃至世界科学史上占有重要位置。

郭守敬从小刻苦学习，遇事善于思索，勤于实践。在他16岁时，他得到了一份古人用仪器观测到的日月星辰景象的“璇玑图”，他被吸引住了。他不但认真地阅读了这份图，还亲自动手用竹篾制造了一台浑天仪，修了一个安放这个浑天仪的土台，直接观测天空星辰的位置。

后来，郭守敬以其才学得到了元朝统治者的重用，郭守敬负责仪器制造和天文观测。首先，他和王恂等人亲自主持了编订新历的工作。经过多年辛勤努力，1280年，新历告成，被定名为“授时历”，并于次年正式颁行。郭守敬在负责仪器制造过程中，对旧的天文仪器逐一进行检查，并与工匠配合，研制成了10多种天文仪器，其中有许多仪器在当时世界都是居领先地位的。

圭表测影技术，在当时有了明显的进步。为了克服表端的影日光散射而模糊不清的问题，郭守敬创用了4丈高表，为传统8尺圭表的5倍。自北宋起，制造的浑仪特别多，为了测量各种不同坐标值的需要，浑仪上增设了越来越多的环，其固定的装置，有地平、子午、天常等环，能够旋转的环有白道、赤道、黄道环等，以致八九个圆环遮掩了很大的天区，使用起来很不方便，并且这样多的环放在一个共同的中心上，校正起来也很困难。北宋的沈括取消了白道圈。郭守敬借鉴了沈括的做法，在沈括的基础上，又取消了黄道圈，并创造性地设计和制造了著名的简仪。孳仪改变了测量三种不同坐标的圆环集中装置的方法，把它分解为两个独立的装置（即赤道装置和地平装置)，从而简化了仪器结构，保留了四游、百刻、赤道、地平四环，增加了立运环。这样，除了北天极附近的天区外，对绝大部分天区，一览无余。郭守敬又在窥衡两端圆孔中央各置一线，增加了观测的准确性。为了观测赤经差，又在赤道环面上安装了两条界衡，界衡两端用细线极轴与北端连接。这样测量的精确度又大大提高了。郭守敬还在赤道装置上放置一个候极仪，使候极仪轴线和极轴平行，可以随时校正赤道装置。他又将一个固定的地平环和一个直立可转的立运环以及窥衡构成了一个地平装置。这是中国天文仪器中第一次出现的一个独立的地平经纬仪结构，能同时测量地平经度和高度，当时称之为“立运仪”。

郭守敬是一位著名的天文仪器设计制造家。除了圭表、简仪、立运仪以外，著名的还有用于观测太阳位置的仰仪、可以自动报时的七宝灯漏、观测恒星位置以定时刻的星晷定时仪以外及水运浑象、日月食仪、玲珑仪等。仰仪是根据和利用小孔成像原理，在一座仰放着的中空半球面仪器内用十字杆架着一块有小孔的板孔，板孔的位置正在半球面的中心。太阳光经过小孔，在球面上就形成太阳的倒像。从球面上刻的座标网立刻可以读出太阳的位置和当地当时的真太阳时。而当日食时还可以观测日食的食分、各食象发生的时刻及日食时太阳所在的位置，对月亮和月食也能进行类似的观测。这块有小孔的可以转动的板称为璇玑板，它很可能就是用来检验交会的日月食仪。郭守敬的杰出创造，把我国古代天文仪器的制造推到了一个新高峰。

郭守敬还是一位著名的天文观测家，除了对恒星位置进行观测外，郭守敬还组织了一次空前规模的测地工作，在北京、太原、成都、雷州等27处设立了观测所，测量当地纬度，由南海到北海（15°~65°)，从西沙群岛至北极圈附近，每隔10°设一观测台，测量夏至日日影长度和昼夜长短，观测站数比唐代多了一倍，获得了丰硕的成果。他对于一系列天文常数也都进行了测量，如1280年冬至时刻的精密测定，测定当年冬至太阳位置，测定当年冬至月离近地点距离，测当年冬至月离黄白交点距离，测定28宿距星度数（精度比北宋时提高一倍），测定北京24节气日出日入时刻，等等，也都取得了重要成果。

郭守敬还是一位政绩卓著的水利工程专家。他曾主持了若干重要的水利工程，如修复唐来、汉延等渠，增辟大都水源，修浚通惠运河等。其中唐来渠、汉延渠等都在黄河上游，唐来渠全长400里，汉延渠全长250里，及其它大小渠道，其溉田9万多顷，对西北地区的农业生产发挥了重大的作用。他在渠口设滚水坝，又设若干退水闸，这是一套比较完善的闸坝设计方式，郭守敬还在大都西北设计修筑了长30公里的白浮堰以解决通惠河的水源问题，并修建闸门和斗门若干座以维持通惠河的水位，从而保证了来往船只的通航。在这些水利工程活动中还充分表现出郭守敬也是一位杰出的地理学家。他的水利工程设计都是以他自己的实际地理勘测资料为基础的，他曾对今河南、山东一带黄河附近几百里的区域进行过细致的地形测量，绘制了多幅地图。他曾经亲自上溯黄河，考察河源。他还发明了以海平面为标准来比较大都和汴梁地形高下之差的方法。这是地理学中一个重要概念——“海拔”的始创。他在通惠河上游河道路线选择中所表现出来的对于地形测量的精确性至今还引起学者们的赞赏。

郭守敬一生不懈地钻研探索，取得了丰硕的科学成就。他在天文和水利等方面的研究中，勇于实践，注重实测，大胆创新，对推动中国科学技术的发展做出了巨大的贡献。郭守敬以其重大的科学贡献为中华民族赢得了荣誉。

王祯研究成果甚丰

> 不登高山，不知天之高也；不临深溪，不知地之厚也。
>
> ——《荀子》

王祯字伯善，山东东平人。他是元代杰出的农学家，也是印刷技术的改进者。

王祯少年时，边学习，边从事农业生产劳动。他对有关农业生产的知识和技术有较为浓厚的兴趣。后来做了官，也仍然关注着农业生产的情况。元贞元年至大德四年（1295~1300），王祯在旌德、江西永丰任县官时，提倡农桑，注意公益。一有闲暇时间，不是从先代典籍中收集有关农业生产及农械革新的材料，就是到田间观察庄稼的长势，到百姓家询问农业生产的具体情况。他主张要注意改良品种，改革农具。他认为，如果不在改进农业生产技术方面多下工夫，单是被动地接受天时、地利，要想提高粮食产量是很难的，如果不能积累粮食，遇到荒年歉收，百姓就要受饥饿之苦，那些到了死亡边缘的贫民，为了生存就会铤而走险，攻打官府，抢掠财物，到那时，要再想恢复安定的社会秩序，就要花10倍的气力了。因此，他把抓农业生产作为治理地方的关键。他综合了黄河流域旱田耕作和江南水田耕作两方面的生产实践经验，并结合自己对农业生产的认识和体会，写成了22卷约30万字的农业生产著作《农书》。

王祯的《农书》分为三部分："农桑通诀"是总论性质，论述了农业生产发展的历史，基本思想是"以农为本"，综合天时、地利、人事方面的有利因素来发展生产。它概述了耕、耙、种、锄、粪、灌、收等农业生产的各个环节，以及泛论林、牧、纺织等有关技术和经验。"百谷谱"谈的是栽培技术，是农作物栽培理论的部分，分项叙述了各种大田作物，以及蔬菜、水果、竹木、药材等种植、保护等栽培技术以及贮藏和利用的方法。"农器图谱"一篇幅最多，约占全书的8/10，是本书的一大特点。"农器图谱"是在宋代农器记载基础上的进一步记录，共附图306幅，无论在数上还是质量上，都是空前的。不仅当时通行的农业机械形象被记录下来，甚至古代已经失传的机械也经研究绘出了复原图。如西晋刘景宣的牛转连磨，一牛转八磨，东汉杜诗的水排等，王祯并在描绘的水排图中将皮囊鼓风改绘成当时通行的"木扇"，这为我国木风扇的出现提供了一个有力的佐证。《农书》还描绘了当时处于世界领先地位的农村所用的若干机械，如32锭水力大纺车，以及3锭脚踏纺车（棉纺），5锭脚踏纺车（麻纺）等。"农器图谱"展示了中国古代农业生产器具方面的卓越成就，后代的农书和类书所记农具的大部分都以《农书》为范本。王祯编著《农书》，是为了帮助和指导农业生产，这也是他一生对农业生产研究和探索的结晶。

王祯由于对农业机械的改进很有兴趣，渐渐地也变得关注其它方面的机械革新，不管哪个方面，王祯只要感兴趣，就一丝不苟地去钻研它。自北宋平民毕昇改进印刷术后，泥活字印刷便开始推广，到元代时已有了木活字。王祯看到排版者一范一范地摆字，很麻烦，他就想如果能用机械辅助，那将是事半功倍的事，经过反复琢磨和亲身实践，他设计制造出一种轮转排字架，活字依韵排列，排版时排字者坐着转动轮盘，就能找到需要的字。大德二年（1298）曾利用王祯发明的排字架排印了《旌德县志》。王祯还编著了《造活字印书法》，并将其附载在《农》之末，这是最早地系统记载并叙述活字版印刷术的文献。

王祯关注农业生产，对农业生产的经验和技术进行了认真的钻研和探索，并依此而旁及其它方面，不仅在农业生产技术方面取得了成就，也取得了其它方面的研究成果。他的事迹告诉我们：自然科学的各方面是有着特定的内在联系的，只要执着地去钻研，很可能获得多方面的成果。

黄道婆是纺织革新家

> 博学之，审问之，慎思之，明辨之，笃行之。
>
> ——《礼记》

黄道婆，又称黄婆，松江乌泥泾镇（今上海县华泾镇）人。她是元代杰出的女纺织技术革新家。

黄道婆出生于一个贫苦的劳动者家庭，很小就帮助母亲纺棉织布，练出了一套好手艺。她听过母亲讲的很多神话故事，幻想能得到一台神仙赐给的织布机，要织多少，就能织多少。这样，就能减轻母亲的劳作，也能帮助邻居们。

幻想终归是幻想，神仙没有赐予什么织布机，生活倒是一天比一天困苦了。家庭生活实在维持不下去了，便给一个姓赵的人家当了童养媳。婆婆是个守财奴，整天让小小的她干重活，天真没有了，幻想没有了，有的只有疲倦和不尽的伤心。她忍受不了非人的待遇，逃到了尼姑庵，得名“黄道婆”。以后她几经周折，到了海南，跟黎家姐妹们学习先进的纺织技术，自食其力。就这样，黄道婆在海南生活了30年。

落叶归根，人思故土。尽管黄道婆幼小在故乡受尽了辛苦，但还是时刻不忘养育她的故土和乡亲们的困苦生活，决心回家去。

回到家乡的时候，父母早已过世，恶婆婆和丈夫也迁居到外地了。她决心把海南黎族先进的纺织技术传给大家。她找到工匠按着海南的纺织机的样子，先做了一台“轧花车”，“轧花车”制好后，投入使用，车轮一转果然脱出了棉花籽。可是轧过的棉花中还夹着许多棉籽。她反复琢磨，终于弄明白了，原来海南黎寨是木棉，棉花桃大，棉花籽也很大，而家乡的棉桃小，籽也小。她经过多次试验，制成了一种新的“轧花机”，这种“轧花机”能将个小籽小的家乡棉桃中的棉籽全部轧出，一天能轧出七八斤棉籽，提高工作效率4倍。她为了使每台弹棉机每天弹出更多的棉花，改进了弹棉机，把一尺长的弹棉竹弓改成绳弦大弓。操作起来，既省力，又比从前弹的棉花多。在平时生活中，她发现劳动时手的用途比脚和腿的用途多，而且具体的操作都在手上，于是她想，如果能将手的操作改为脚的操作，就能腾出手来，将手运用到别的操作程序上，从而大大提高劳动效率。后来她把单锭手摇纺车改为多锭脚踏纺车……这一整套技术的改革及成果的应用推广，使松江一带的棉纺织业有了进一步发展，所出织物——“乌泥泾被”等，行销远近，成为江南棉织业中心。时有“淞郡棉布，衣被天下”之谚。黄道婆死后，乡人怀念她，尊她为“黄娘娘”，建有“先棉黄道婆祠”。人们怀念她，是因为她的热心，她的探索，给人们带来了幸福。

吴又可专攻温病

宝剑锋从磨砺出，梅花香自苦寒来。

——陆游

吴又可，又名吴有性，姑苏洞庭（今属江苏苏州）人，生活在大约17世纪上中叶，明末医学家，温病学说形成的奠基人。

明朝末年，战乱频仍．疫病流行。崇祯十四年（1641），吴又可亲自见到疫病在山东、江苏和浙江等省猖獗流行，很多人都染上了病，有的甚至全家都染上了病，一条巷子里100多家，没有一家幸免，一家数十口人，没有一人活下来。当时，不少医家出于职业道德，热心地为病人治病，可是却错误地用治疗伤寒的方法来治这种疫病，结果白白死掉的人难以计数。事情过去很长时间，他还每时每刻深感那些可怜的病人没有死于疫病，反而死于医家之手的沉痛教训，决心对温病的成因、传染途径以及平日用过的验方作深入仔细的研究和探索。

吴又可对先代医家的医学著作钻研之余，还经常冒着患病的危险亲自到传染病发生的地区进行采访、调查，并将所获得的第一手资料进行分门别类的研究。日积月累，他积累了比较丰富的认识温病和治疗温病的经验。

吴又可是一位实事求是、一丝不苟的人，他反对因循守旧，富有革新思想。他认为先代医家张仲景虽写了《伤寒论》，可是只是针对一般外感风寒的，和瘟疫迥然不同。对于传染病的病因，他认为“既非风寒所致，也非湿热造成的，而是天地间一种不同寻常的气导致的”。对于所谓的“异气”，他又称为“戾气”，或“杂气”。他认为“戾气”的种类很多，只有某一种特点的“戾气”才能诱发出一种特定的疾病。他还进一步肯定“戾气”又是疔疮、痈疽、丹毒、发斑、痘疹之类外科和儿科病症的原因。这种把传染病的病因和外科、小儿科传染病感染疾患的病因，都看成是由于“戾气”引起的见解，对于外科、小儿科疾患感染的防治，具有重要的理论和实践意义。此外，在对传染病的治疗方面，他主张针对发病的原因而进行医治，他说“因邪而发热，但治其邪，不治其热而热自已。夫邪之于热，犹形影相依，形亡而影未有独存者”。他希望终有一日，能发明治疗各种病患的特效药。所有这些，都涉及到了现代传染病的各个方面。他所处的时代是17世纪，而他的成绩是在东西方都还没有应用显微镜来观察致病微生物的情况下取得的，这是了不起的科学成就。

吴又可根据自己长期对温病的观察和研究所取得的经验，写成了《温疫论》，书中提出了一整套有关传染病的新思想和新学说，为温病学说的形成奠定了基础。

吴又可的成就启示我们，在科学的领域里，前人的成就是应该尊重的，应该学习的，但不能满足前人已取得的成就，不能被前人所定的框框限制和束缚住。吴又可敢于跳出当时绝大多数医家所拘泥的张仲景的《伤寒论》的古法，跳出只在伤寒学的注释上转圈圈的窠臼。他猛烈抨击墨守伤寒成规的作法，把这种保守思想嘲笑为“指鹿为马”，“屠龙之艺”无所施的泥古不化的思潮。他这种善于思考，勇于突破前人框框的进取思想，是值得后人学习的。

盲人唐汝询刻苦治学

有一些宝贵的东西作为它的日标时，生活才有价值。

——黑格尔

中国明末清初有个著名诗人，名叫唐汝询，字仲言，松江华亭（今上海松江）人，是个双目失明的人。

唐汝询出身于“书香门第”，家庭读书风气很盛。他生下来的时候，长得眉清目秀，双目并未失明。由于受家庭环境的熏陶，他3岁的时候就开始跟着哥哥读书认字了。但是，在他5岁那年，突然出了天花，经过医生抢救，虽然保住了生命，可他的两只眼睛却不幸失去了光明，从此他再也看不见书，看不到世间的一切了。

起初，唐汝询感到非常伤心，觉得这样活着，生不如死。可是过了一段时间，他逐渐安定下来了。心想，天下无难事，只怕不立志，只要刻苦学习，就一定能学到知识。于是，他每天摸到书房里去，用心听几个哥哥读书吟诗，并把听到的文章和诗歌一字一句地牢牢记在心里。

一个双目失明的人，要想记住许多文章和诗歌，自然是十分困难的事。他费尽心机死记硬背，同时也想出了一些办法帮助记忆。他仿照古时候人们使用过的结绳记事法，用几根粗细不一的绳子，在上面打上各种各样的结，把整篇文章和诗歌记录下来。有时，他用刀子在木板或竹竿上刻出各种各样的刀痕，用来记录文章和诗歌。当几个哥哥出去玩耍，没人念书给他听的时候，他就摸着绳结和刀痕，大声地朗读起来。

因为唐汝询肯用功，虽然双目失明，读的书却不比几个哥哥少，成绩也不比他们差。后来，他不但读了许多书，而且学着作诗。他作诗的时候，如果有人在身边帮忙，就大声把诗句念出来，叫人帮他写在纸上；如果没人帮忙，就依旧用结绳和刻刀痕的办法把诗记下来，等有人帮忙的时候，再把它翻译成文字，请人写在纸上。

由于唐汝询刻苦读书，所以取得了可喜的成绩，他一生写下了上千首好诗，出了好几本诗集，如《编蓬集》、《姑蔑集》等。同时，还给一些深奥的唐诗做了注解，书名为《唐诗解》。这是他刻苦自励，不为双目失明而放弃学习，笃志读书，克服重重困难而取得的成就。

李时珍30年写成《本草纲目》

为一生工作而进行探索的人是幸福的，因为他无需再探索其他的幸福了。

——卡莱尔

李时珍（1518～1593）字东壁，晚年自号濒湖山人，蕲州（今湖北蕲春）人，是明代杰出的医药学家。

李时珍出生于一个世医家庭。他的祖父、父亲都是医生，父亲李言闻是位很有学问的医生，又热心为百姓治病，在当地很受欢迎。李时珍从小就常随父亲上山采药，回到家中进行炮制，对草药产生了浓厚的兴趣。他曾作诗把自己比作一只逆流而行的小船，表示要以比铁石还坚硬的毅志和决心以及至死不畏艰难的精神，顶着世俗视医药学为“小道”的偏见，在医生社会地位低下，倍受歧视的逆境中度过一生，立志成为一个有成就、为百姓解除病痛之苦的好医生。

李时珍从24岁开始正式行医。给穷苦的百姓治病不计酬劳，人们都尊敬并爱戴他，他因此也出了名，被推荐到北京太医院，当一名太医，可他看不惯那里的方士做道场、炼金丹这一套，一年后便辞官回了家。他认为医生的职责就是遵循医理药理，治病救人，而不是玩弄什么骗术，沽名钓誉，欺世害俗。

李时珍在长期的采药、炮制及行医过程中，发现先代的药典《本草》中多有讹舛和疏漏之处，便蓄意重修《本草》。他曾和父亲谈论过这件事，父亲也表示赞同，只是需要大量的财力，靠一个人来完成是十分艰难的事情。在楚王府时，他就请求楚王把重修《本草》的事奏报给朝廷，希望能通过朝廷的人力、财力来完成这项有重大意义的事情。可昏庸的楚王只想让李时珍保证他的健康，为他服务，对李时珍提出的请求轻蔑地回绝了。在太医院时，李时珍也曾多次请求重修《本草》，可太医院的官员们却指斥他是个擅改古人经典、妄自尊大的狂徒。至此，李时珍希求朝廷修《本草》的热望，熄灭了、冷却了，但他重修《本草》的信心却始终没有丧失。他决定依靠自身的力量，去实现重修《本草》的伟业。

李时珍辞官回家时已35岁了，他决定仿照宋朝朱熹编《通鉴纲目》的方法进行编写，定名为《本草纲目》。李时珍在楚王府和太医院时，虽很不得志，但却得以阅读大量的书籍，除了历代的医药学著作外，还阅读了四书五经、诸子百家、历史地理、农林园艺、音乐诗歌以及神话传说等书籍达800余种之多。他从这些书籍中摘抄了有关医药学的大批材料，这为他编写《本草纲目》打下了坚实的史料基础。

由于李时珍立意纠正先代《本草》的舛误，所以在博览群籍的同时，更注重实践验证。也就是他自己所说的“渔猎群书，搜罗百氏”。为了弄清楚每一个疑问，他不辞劳苦、不避艰险地到各地访采，向村夫野老访求药方，到峻岭深谷中采集药材。风餐露宿、蚊虫叮咬，他都付之一笑，对原《本草》中所记载的药物进行了大量的调查研究。例如稀莶是明代用来风痹的重要药物，但是历代本草众说纷纭，使人无所适从。唐代苏恭说，稀莶叶似酸浆叶，猪膏莓叶似苍耳叶，是两种药物。唐代的陈藏器却说猪膏莓叶似荏叶，而五代时的韩保开则同意苏恭的记载。宋代的苏颂又说稀莶的叶似芥叶。宋代的沈括在《梦溪笔谈》中则说稀莶和猪膏莓是一种药物。李时珍按前人描述的药物形态，将有关药物全部搜寻而来，仔细加以比较分析，然后正确地指出：稀莶和猪膏莓是一种药物，叶似苍耳叶；苏恭所说似酸浆的所谓稀莶。实际上是龙葵。于是他把《唐本草》中重复的猪膏莓条归并入稀莶条。李时珍除了在家乡一带的原野山谷调查外，还到过湖北、江西、安徽、江苏、河南、河北等地。他所到之处，虚心地向农民、猎人、渔民、樵夫、药农和铃医等请教，在群众智慧的海洋里，获得了许许多多的真知灼见。例如五倍子，宋代《开宝本草》的作者以为是草子，收入了草部；《嘉佑本草》的作者又以为是木实，改为木部。李时珍就向采集五倍子出售的山里人请教，才知道是寄生在盐肤木上的像蚂蚁的小虫所做的“虫球”。他并在山里人的指引下去实地观察，这样，他就豁然明白了，原来五倍子是如蛄蜥所做的雀窝，蜡虫所造的蜡子一类的东西。于是，他把五倍子从木部移入虫部。

李时珍为了获得第一手材料，还创造性地采用了解剖药用动物、作动物实验等方法，甚至还拿自己来作实验。例如关于生姜，梁代陶弘景认为不能常吃，不然会“伤心气”。唐代苏恭则引证《神农本草经》的记载反对，认为可以常吃，并说陶弘景之所说是毫无根据的胡说。唐代的孙思邈则也认为不能经常吃生姜，不然会患眼病，甚至“损寿减筋力”。生姜到底能不能常吃呢？李时珍就试验着常吃生姜，果然得了眼病。待眼病好了以后再常吃生姜，果然又患了眼病。这样反复试验几次后，李时珍确信生姜不能常吃，便记下“食姜久，积热患目”。

李时珍经过27年的不懈努力，积累了极其丰富的第一手资料，经过3年认真彻底的修改，到61岁时，写出了《本草纲目》初稿。此后又经过10多年的修改，直到73岁时才最后定稿。李时珍编著《本草纲目》，前后花了近40年的时间，倾注了毕生的心血，耗费了毕生的精力。遗憾的是，李时珍生前未能亲自看到《本草纲目》的出版，直到了他逝世后的1596年，《本草纲目》才在金陵（今南京）出版。

《本草纲目》全书约190万字，共52卷，收载药物1 892种，有描绘药物形态的图谱1110幅，附载医方11096个。这部内容丰富的药物学著作，不仅在中国古代是空前的，在世界古代医学史上也是罕见的。它的重大贡献，首先在于它系统而正确地总结了16世纪以前中国人民长期的药用经验和理论知识。李时珍不仅整理了历代本草所录的全部药物1518种，而且还增添了374种，并且对从前未曾叙述过的一些药物的效用进行了补充叙述。这类药物竟达1300条以上。其次，《本草纲目》改正了历代本草著作中的许多错误，批判了种种违反科学、危害人民生命健康的谬说。《本草纲目》的广博内容，对自然科学的其它学科，如中医学、生理学、营养学、植物学、动物学、矿物学、化学、地质学、天文学等多方面，都有相当的贡献。16世纪欧洲药物学著作中的《寇大斯药物学》以及被誉为“阿拉伯医师之王”的阿维森纳的《医典》都远远地不能和《本草纲目》相比。17 世纪后《本草纲目》被陆续译成各种文字，对世界近代和现代医药学的发展产生了重大影响。

李时珍一生艰苦卓绝的实践告诉我们：“世上无难事，只要肯登攀。”“锲而不舍，金石可镂”。

章学诚探索史学

书到用时方恨少，事非经过不知难。

——陆游

章学诚（1738～1801）字实斋，号少岩，浙江会稽（今浙江省绍兴县）人。他是清代杰出的史学家，也是中国古代史学理论的集大成者。他和唐代的史家刘知几被誉为“中国史学史上的双璧”。

章学诚出生于一个地主知识分子的家庭里，他的父亲章镳通晓史学，平时对他亲自教导，启发他独立思考的能力。章学诚少年时代并不聪明，身休也不好。每天只能读 100 多个字，读多了就记不住了，经常患病，一年里顶多能有两个月能够打起精神读书。尽管如此，他喜欢读书，在 20 岁以前，仍然读了不少经书和文史之类的书籍，还经常发表自己的见解。如他认为邓元锡撰《函史》，以阴阳、老少来配合《函史》的上下篇是荒唐的，而且书中舛谬颠倒之处很多。这说明章学诚读书不限于支离破碎的训诂，能够识其大体，以义为主。

章学诚的父亲章镳为官清廉，不愿随俗沉浮，因而官运坎坷，家境日益困窘。章镳在应城知县任上只 3 年即遭罢官，罢官时负债累累，章学诚的母亲史氏用积蓄的银两还了债。从此，家境更加败落。章学诚在贫穷的家境中，更加努力学习，他理解所遭受的困境，珍惜每一寸光阴。乾隆二十五年（1760），23岁的章学诚赴北京科考，没有考中。又过了9年，再度应试，中了个副榜，掌管国子监典籍。由于所作所为不合时尚，在国子监里落落寡合。后来拜朱筠为师，学习古文，甚得朱筠的赞扬，并与邵晋涵、周永年、任大椿、洪亮吉、汪辉祖、黄仲则等知名学者交游。乾隆三十六年（1771），章学诚到太平使院，这个期间学识大进，开始撰写《文史通义》，甚得邵晋涵的称赞。36岁时写出了第一部地方志著作——《志隅》。40岁时，考中了举人，41岁时考中了进士。由于他不愿做官，仍然贫困如故，依人为生。在这期间，学诚受到友人周震荣的聘请，修永清县志，周震荣对他生活多方照顾，在修志中给以便利条件，使他能够周游县境，进行调查，继续在史学领域里探索。他集中精力，用了3年时间完成了《永清县志》。乾隆四十四年（1779），他到河南谋事不成，中途遇盗，行李等物品全部丢失了，所写的著述也没有了。这实在是雪上加霜。但他没有在叹息中沉沦，他从朋友那里借书来抄录资料，恢复了原著述的十分之四五。《校雠通义》的稿本也在这次横祸中丢失了四卷，再也找不到了，他就着手重写。由于生活无着，他不得不暂时回直隶肥乡县主讲清漳书院。这时，他的老师朱筠在北京去世，他一家十五口在北京的街头徘徊，缺衣少食，受尽了艰辛。第二年终于到了边关的永平县，主讲敬胜书院，取资糊口。这期间他得了一场大病，好友邵晋涵把他请到家中为他治疗护理，才免于一死。后来，他写了《永定河志》、编纂了《史籍考》，主修了《湖北通志》，并参与毕沅《续资治通鉴》的编撰工作。

乾隆五十八年（1793），章学诚已56岁了。他把家眷从亳州接回会稽，第二年，他本人也从湖北回到故乡，出外作客30余年，颠沛流离，倍尝艰辛。但他探索史学，编著史书的劲头始终没减。回家后房屋仅足容身，没法读书著书，不久又离家游扬州、安庆、桐城等地。他在61岁时，在苏州继续编纂《史籍考》。毕沅死后，《史籍考》未成书，章学诚就到毕沅的家里访得残余，重订凡例，终于完成了三百二十五卷的《史籍考》。嘉庆五年（1801），章学诚的双眼因患病而失明了，他还念念不忘对史学的探索，自己看不到书卷和笔墨，就自己口述，令别人代写。直到第二年11月逝世。

章学诚一生的著述是丰富的。其中最主要的著述，就是《文史通义》和《校雠通义》。这两部著作凝聚了他史学思想的主体。章学诚是中国18世纪封建王朝禁锢思想最严重时期的启蒙思想家。他具有“不宜以风气为重轻”的精神，大胆批判当时占统治地位的学术思想考据学派。他的思想虽然没有超出封建思想的范围，但对以后的思想启蒙产生了不可低估的影响。他在学术上的贡献主要是史学。他继承和发展了浙东学风，提出了杰出的史学理论，他的《文史通义》博大精深，是中国资产阶级史学出现前，古代史学理论的高峰。章学诚有着丰富的写作实践，他虽然没有机会到史馆参加修史，但所著的《史籍考》(可惜未能流传下来) 和纂修的几部地方志，表现了他的史学天才，他对后世中国史学界的影响是很深的。

章学诚生活于清王朝由鼎盛趋向衰落的时代，自幼培养出来的实事求是，不愿苟同的人格和学风铸就了他的悲剧性格。他一生颠沛流离，贫穷伴随一生，没有富贵荣华的显赫，也没有邀功求赏的机遇，甘愿在风雨如晦的人生旅途上倔强地走着，执着地追索着，每一步都是那样地艰难，但他的著述，他的思想和学说却在后世放射出耀眼的光华。与其说他是在贫穷中耗亡，勿宁说他是在步履维艰的探索中一步步远离腐朽。

徐霞客远游探险

千里之行，始于足下。

——老子

徐霞客 (1586 - 1641) 名弘祖，别号霞客，江苏省江阴县人。是我国明末清初杰出的地理学家。

徐霞客的家乡江苏省江阴县位于当时商品经济 (特别是纺织业) 最发

达、资本主义萌芽的长江三角地区，这里经济发展的新貌给人们以很大影响，这里的人们思想比较活跃。徐霞客的祖先当过大官，到他父亲这一代家境已中落，但他仍有一定田产。徐霞客从小读过很多书，最使他感兴趣的是那些记载山川、名胜和旅行的书籍，他很早就决心摒弃科举入仕的道路，立志游五大名山。他的母亲思想比较开放，她鼓励儿子应该外出增长见识，还特地为他缝制了一顶远游冠，更喜欢听他旅游回来讲述所见的新奇事物和各地的风土人情，这对徐霞客献身于地理考察，也起了促进作用。

徐霞客一生博览了大量的古今地理学典籍，当他看到黄河的水域不及长江的1/3时，就产生了为什么长江的源头短而黄河的源头长的疑问。他不满意前人写地理书多沿袭旧说、臆测附会的作法，决心通过自己的实地考察来认识祖国山河的真实面貌。

徐霞客的身体很好，了解他的人都称他“身健似牛，轻捷如猿”。正因如此，每逢登山，即使没有通向山顶的路径，他也能毫不费力地攀缘上去；每逢渡河，即使不由津口，他也能从容不迫地泳渡到彼岸；每逢探迹洞穴，即使坎坷曲折，他也能像轻猿系挂高枝、长蛇贴附岩壁那样深入洞内，查清各个洞的出口。他日行百里以后，还能在夜间把当天观察所得记录下来。

徐霞客对远游探险有极其浓厚的兴趣。他从21岁开始游太湖，到54岁（逝世前一年）从云南抱病回家时为止，几乎年年出去游历考察，足迹遍及华中、华东、华南和西南各省，也常常往来海上。早年的旅行，偏重登名山，游奇胜，搜奇览胜。51岁以后，注意力转到探索自然奥秘、揭示自然规律上来。

在远游四方的30年中，他不避艰险，步行数万里，到过16个省、3个市。所到之处，对地貌、地形、物质、水文、气候、植被都做了深入细致的调查。他登山一定要登最高峰，下海一定要到海底，钻洞一定要钻到最深处，找水一定要找到源头。如对长江源头的考察，纠正了“岷江导江”的说法。他北历三秦，南及五岭，西出石门、金沙江，终于弄清了长江的上游不是岷江，而是金沙江。他曾考察过101个岩洞。如对七星岩的考察，做出了详细的记录，其记录和今人对七星岩实测的结果完全一致。

在探索大自然的奥秘过程中，他经历了无数次艰辛。在最初远游的日子里，他曾失足落水而差点丧了性命。登峭壁悬崖，苔滑、多险，多次陷于绝境。有一次，一他和一个和尚，一个仆人结伴去云南，途中遇见了强盗，和尚被强盗用刀砍伤，很快就死去了，那个仆人吓跑了。但他没有动摇，意外地躲开那场祸乱之后，仍继续前行，终于到达了目的地。

徐霞客一生中最重要的也是最后一次旅行是50岁时从家乡出发远游西南。这时他的孙子已经3岁了，家中又有遗产，游历生活也过了大半生，学识文章也已得到了时人的赏识，在这种情况下，一般人就想在家里在儿孙绕膝的欢娱气氛中安度晚年，享受天伦之乐了，可他认为正是由于年事已长，才要争取时间实现早已纳入远游计划的“万里遐征”，于是，他又毅然决然地踏上了远游的征途。

旅途中，艰辛无数。一次他游潇水发源处的三分石，岭地峻峭，没有落脚的地方，他便两手攀缘丛竹，悬空前进，这样攀行很长一段路，直到天黑时才到达一个较平坦的地段。由于无水，晚饭也作不成，只有烧柴围火休息。后来风雨交加，连火也熄灭了，通宵就这样在旷野的风雨和黑暗中度过。到了贵州、云南的多雨地区，他常淋着雨跋涉在高山深谷之中，夜晚借宿，有时就睡在牲畜的旁边。还有一次游湖南茶陵的麻叶洞，人们都说洞中有神龙奇鬼，不画符保佑，不施法术避邪，难以进入，徐霞客不相信这一套，他和一位仆人，手执火把，来到了洞口前，由于洞口狭小，徐霞客就先使自己双脚先进入洞内，然后探至洞的幽深处。在云南腾冲时，为了采集悬崖上的一种藤本植物，在无计可施的情况下，回到寓所，然后和挑夫一道，拿起斧子和绳索造了一架临时梯子后前往，终于得到了这种未曾见过的植物。究竟是什么力量驱使他不辞劳苦，不顾生命安危地旅行、考察、采标本、写日记呢？这力量来自于他内心对名山大川真实面貌了解的渴望。他在生命的最后一刻，还在不停地研究放在病榻前的矿石标本。

徐霞客的一生大都是在远游中度过的，直到56岁，他积劳成疾，双脚不能走路，才被用轿从云南送回家乡。徐霞客游历一生，但没有游戏人生，他终于用自己的汗水和生命写成了一部广包自然界和社会诸方面的游记，即传诸后世的著名的《徐霞客游记》。这是他在人类科学史上的贡献，是宝贵的文化财富。人们称这本游记是“世界真文字、大文字、奇文字”。英国李约瑟博士在《中国科学技术史》上说：“他的游记并不像17世纪所写的东西，倒像是20世纪的野外勘察记录。”徐霞客给后人留下的不仅仅是一部游记，他为探索大自然奥秘而舍安逸、忘生死、求索攻坚的精神，永远激励着后人。

徐光启格物穷理

其曲弥高，其和弥寡。

——宋玉

徐光启（1562～1633）字子先，号玄扈，上海人。他是明代杰出的科学家。

徐光启出身于一个小商人兼小土地所有者的家庭，早年从事过农业生产，对于土地的利用问题深有体会，他说；“天下没有不可利用的土地，人们困蔽的原因在于怠惰无思，饱食终日，不肯处心积虑地去从事生产劳动，去求索致富的门路。”由于家乡常受到倭寇的侵扰，他也很注意学习兵书。他认为，古来万世，世事纷繁复杂，人们只要善于发现现实中的问题，鼓起勇气，百般求索，就没有克服不了的困难。在20岁到40岁期间，他先后以秀才和举人的资历在家乡和广东、广西等地以教书为业，阅读和研究了丰富的古代典籍，尤其是有关生产科学方面的知识，这为他日后进行科学研究打下了坚实的基础。他曾与耶稣会传教士利玛窦等人有来往，跟利玛窦学习了西方的天文、历算以及火器制造等方面的知识和原理。42岁时在南京加入了天主教会。在他看来，儒教和佛教过于重视内心的修养和主观上对人生的领悟，所以，西方的天主教胜于儒学和佛教，便于学习和领会，而且天主教中蕴藉着一种分析研究事物的现象，探求事物内在联系的学问，即所谓“格物穷理之学”，他认为这种“格物穷理之学”的重要特征就是注重外在事功。天主教的这种独到的特征，使他最为神往。他认识到，反求内心，关注内心的儒学和佛教是虚学，而格物穷理之学才是实学，才更有助于国家的富强和民生的幸福安康。他思索的脚步已经触及到东西方两种不同文化特质的比较方面了。第二年，他进京考取进士，任翰林院庶吉士，正好利玛窦也在北京，徐光启就同他一起研究中西方的天文、历法、数学、地学、水利等学问。他共与利玛窦等人共同翻译了许多西方科学著作，如《几何原本》《测量法义》《泰西水法》等，成为介绍西方科学的先驱。他自己也编著了不少关于历算、测量等方面的著作，如《测量异同》《勾股义》等。

徐光启从翻译西方科学著作的工作中，加深了对数学重要性的认识。他在与利玛窦合译《几何原本》序文中指出，数学所以成为一门最基本的科学，在于他是“众用所基”，能为许多学科所用，如天文、历法、水利、测量、声乐、军事、财会统计、建筑、机构、绘图、医学等等。可见，他已明确地认识到了凡有量的关系存在的地方，就必定要用到数学。

对于欧洲的天文学，徐光启颇感兴趣，这是因为欧洲天文学的特点是用严格证明的逻辑方法力求解释天体运动现象的所以然。徐光启掌握了欧洲天文学方面的知识后，每次预报天象都较其他人准确，所以名望和威信都很高。崇祯二年（1629），由于钦天监推算日蚀又发生了错误，徐光启才被任命主持明代唯一的一次具有重大意义的历法改革工作。这次历法改革是以西方历法为基础，工作虽然繁重，又有来自朝野上下保守势力的百般刁难和阻挠，但徐光启毫不畏惧，毫不气馁，他对这项工作作了通盘的精心的规划和安排，使整个工作进展比较顺利，崇祯六年（1633）编成了一部130多卷的《崇祯历书》。这部书虽说是集体创作，却熔铸了徐光启本人大量的智慧和心血，全书大部分都经过了他的修改审阅。《崇祯历书》已开始接受近代天文学和数学的知识，突破了中国传统天文历法的范畴。

对科学技术方面的研究，除了天文、历算之外，徐光启用力最勤、收集最广的要算是在农业方面的研究了。因此，在他丰富的著述中也以《农政全书》最为重要。

《农政全书》是徐光启几十年心血的结晶，是一部集中国古代农业科技之大成的著作。全书共60卷，50余万字，分农本、田制、农事水利、农器、树艺、蚕桑、蚕桑广类、种植、牧养、制造和荒政12项。《农政全书》转录了很多古代和农时代的农业文献，这部分可以说是前人成就的选编，很便于参考使用。徐光启自己撰写的有6万多字，虽然只占全书篇幅的1/8，但都是他经过亲自试验和观察之后取得的材料写成的，所以科学性较强。他对前人的著作，不但是选录，也附有自己的见解或评论。如对《唐新修本草》注中所说菘（即白菜）北移都变芜菁，芜菁南移都变菘的错误，就以自己在家乡种植芜菁的实践说明芜菁不会变为菘，并解释了芜菁南移根变小的原因和在南方培养大根的方法。他不愧是一位注意探索自然规律的科学家。

徐光启在《农政全书》中写的专题部分，值得重视的有：在垦田与水利方面，他主张治水与治田要相结合。他曾在天津屯种实验，很有成效，他认为京师附近发展水稻等粮食作物的潜力很大，可以解决不必要的漕运问题。如果能够实现的话，南粮北调的矛盾就可以缓解。他在上海试种高产备荒作物甘藷后，证明在长江三角洲同样能生长良好。他非常注意选种，他说："种植作物，选择好良种最为重要，最为关键，如果长期种植不良的种子，刻板化，单一化，就会使天时、地利和人力的大半都白白地废弃了。"对于保守思想和偏见，他以大量作物移植成功的事例指出："如果认为作物的种植取决于适宜它的土地，是不可改变的，那是毫无道理的。"徐光启对蜡虫和蝗虫也很有研究，成为详确记述白蜡生活习性和蝗虫生活史的第一人。他研究蝗虫生活史的目的是为了灭蝗，在除蝗问题上所用的研究方法，也很为后人所推崇。

处处留心皆学问，不懈求索终有果。徐光启一生，不论是在童年，或是在壮年、老年，不论是为民，还是为官，都善于观察和发现问题，勇于实践，不懈追求和探索，身体力行，笔耕不辍，终获累累硕果。他是明代杰出的科学家，是具有近代思想气息的学者，也是中国历史上进行东西方文化比较的第一人。